하나님이 복 주신 사람

〈일러두기〉

1. 본서에서 인용한 한글 성경은 대한성서공회에서 발행한 『성경전서 개역개정판』을 주 텍스트로 사용합니다.
   경우에 따라서는 『개역한글』, 『공동번역』, 『새번역』 성경과 『현대인의성경』 등등 사용했습니다.
2. 설교의 현장감 때문에 각주는 사용하지 않았습니다.
3. 이 책에서 사용한 폰트는 KoPubWorld바탕체pro와 KoPubWorld돋움체pro 그리고 나눔명조체와
   나눔바른 고딕체를 사용했습니다.

하나님이 복 주신 사람

강민구

세움미

머리말

복음주의 강해 설교자 존 맥아더 목사가 세운 마스터스 신학대학원(The Master's Seminary)에서 공부하고, 미국 엘에이에 있는 그레이스 성경 교회에서 한어부 목사로 섬긴 적이 있습니다. 이 책은 그때 설교했던 산상수훈 강해를 책으로 엮은 것입니다.

시대는 점점 더 빠르게 변모하고 있습니다. 불과 몇 년 전의 문화는 더 이상 현재의 문화가 아니며, 몇 달 전의 유행은 더 이상 현재의 유행이 아닙니다.

사람들은 늘 새로운 것을 원합니다. 새로운 가치를 원하고, 새로운 길을 찾아 떠납니다. 이러한 경향은 현시대의 사상인 포스트모더니즘과 밀접한 관련이 있습니다.

'절대 진리란 존재하지 않는다'라는 포스트모더니즘은 불변의 가치, 절대적 개념, 확고한 신념을 부정합니다. 그래서 많은 사람들이 점점 진리는 없다고 주장하며, 자기 생각과 자기 신념을 좇아 사는 것 같습니다.

하지만 성경은 참 진리가 있음을 말합니다. 그것은 바로 그리스도 예수의 십자가 복음입니다. 성경은 죄로 말미암아 사망의 길로 달려가는 모든 인생에게 십자가 복음만이 구원의 소망이라고 목놓아 외칩니다.

사람의 마음은 변하지만, 하나님의 마음은 변하지 않습니다. 그분의 뜻은 변하지 않습니다. 그분의 성품은 흔들리지 않습니다.

온전한 공의를 소유하신 하나님은 완벽한 사랑의 주인이십니다. 죄를 끔찍이도 미워하시지만, 죄인의 영적 신음을 안타까워하십니다. 그래서 아들 그리스도 예수를 이 땅에 보내셨습니다. 진리의 주인이시자 믿음의 대상이신 그리스도 예수와 십자가 복음이 사망의 문턱에 닿아 있는 모든 죄인이 들어야 할 구원의 복된 소식입니다.

산상수훈은 이러한 복음으로 가득 차 있습니다. 예수님이 누구신지와 그분의 뜻과 성품이 압축되어 있습니다.

이 책을 읽는 분 중에 아직 구원받지 못한 분이 계신다면, 성령께서 죄를 깨닫게 하시어 구원자 예수 그리스도를 믿게 해주시기를 간절히 바랍니다. 또한 구원받은 분들은 그리스도 예수를 더 알게 되는 시간이 되시길 바랍니다.

끝으로 이 책을 아버지 하나님과 아들 그리스도 예수, 그리고 성령께 바칩니다.

차례

Contents

1.

산상수훈의 시작

예수께서 무리를 보시고 산에 올라가 앉으시니 제자들이 나아온지라
입을 열어 가르쳐 이르시되(마 5:1-2).

본격적으로 팔복 말씀에 들어가기 앞서, 산상수훈에 대한 전반적
인 개관을 해보려고 합니다. '산상수훈'은 주께서 산에 올라가셔서
가르치신 말씀이라고 해서 사람들이 붙인 이름입니다. 혹은 산상설
교라고도 합니다.

"예수께서 무리를 보시고 산에 올라가 앉으시니 제자들이 나아온지
라"(마 5:1).

마태복음은 어떤 복음서인가

문맥을 간략하게 살펴봅시다. 먼저 산상수훈이 기록된 마태복음이 어떠한 복음서인가라는 질문은 예수님의 설교를 이해하는 데 큰 도움이 됩니다.

마태는 유대인을 대상으로 복음서를 썼습니다. 유대인의 진정한 왕으로서의 예수님을 집중하고 주목합니다. 다윗 언약이라 불리는 사무엘하 7장은 다윗의 계보로 나실 그리스도 예수의 왕 되심과 세상 끝 날에 건설하실 메시아 왕국의 실재성을 선포하고 있습니다.

> "네 수한이 차서 네 조상들과 함께 누울 때에 내가 네 몸에서 날 네 씨를 네 뒤에 세워 그의 나라를 견고하게 하리라. 그는 내 이름을 위하여 집을 건축할 것이요. 나는 그의 나라 왕위를 영원히 견고하게 하리라"(삼하 7:12-13).

그래서 마태는 글을 이렇게 시작합니다.

> "아브라함과 다윗의 자손 예수 그리스도의 계보라"(마 1:1).

마태복음을 보시면, 구약에 대한 인용이 많음을 발견하실 수 있습니다. 저자의 의도는 명확합니다. 왕을 간절히 기다리던 유대인들에게 그리스도가 누구이신지 밝힘으로써 그들이 기다리던 자가 바로 예수님이라는 사실을 알려주기 위해 이 복음서를 썼습니다.

한 예로 미가서 5장 2절을 인용한 마태복음 2장 6절은 유대 지도자와 백성들에게 그들이 이미 알고 있던 메시아 지식에 따른 합당한 반응을 촉구합니다.

> "또 유대 땅 베들레헴아 너는 유대 고을 중에서 가장 작지 아니하도다 네게서 한 다스리는 자가 나와서 내 백성 이스라엘의 목자가 되리라"(마 2:6).

유대인들의 메시아상에 대한 오해

하지만 그 당시, 유대인들은 '왕'에 대한 잘못된 생각에 사로잡혀 있었습니다. 그들이 원하던 왕은 정치적인 메시아였습니다. 왕이시지만 종의 모습으로 이 땅에 오실 그리스도에 대한 지식을 구약 선지서들을 통해 이미 습득했음에도 자기들이 보고, 듣고, 느끼고 싶은 대로 메시아상을 재해석했습니다. 유대인들은 로마제국의 압제로부터 그들을 해방해 줄 힘 있는 군사적 리더를 바랐습니다. 자신들이 현재 겪고 있는 가난과 핍박과 고통을 말끔히 해결해 줄 능력이 출중한 권세자를 소망했습니다.

반면 말 구유에서 태어나신 예수님은 그들에게 매우 초라하고 볼품없는 목수에 지나지 않았습니다. 특히, 영안이 가려진 종교 지도자들에게 집안도, 학벌도 변변치 못한 예수님은 결코 매력적인 리더상이 될 수 없었습니다. 이사야가 언급한 것처럼 '고운 모양도 없고 풍채도 없은즉 우리가 보기에 흠모할 만한 아름다운 것이 없던'(사 53:2) 그분은 세상 사람들이 보기에 왕으로서 자격을 전혀 갖추지 못한 비천한 존재처럼 여겨질 뿐이었습니다.

이 시점에서 우리는 산상수훈으로 들어가는 문 앞에 선, 서로 다른 두 부류의 사람을 목격합니다. 한 부류는 산상수훈의 문을 통과하여 그 세계가 제공하는 기준과 법도를 기쁨으로 받아들일 뿐만 아니라 그 뜻에 순종하며 참된 자유를 만끽합니다. 하지만 다른 한 부류는 산상수훈의 세계로 입성하기를 주저하며, 문밖에 서서 그 세계를 추측하고 비판할 뿐입니다. 그때 그의 삶은 감당할 수 없는 죄의 짐에 억눌린 채 고통 속에 있습니다.

요컨대 산상수훈은 누군가에게는 생명의 말씀이지만, 누군가에게는 무거운 율법주의로 여겨집니다. 이러한 현상은 그리스도의 나라, 곧 왕의 나라에 대한 근본적인 이해의 차이에서 비롯됩니다.

예수의 나라 '이미' 하지만 '아직'

마태복음의 핵심 주제는 왕으로 태어나신 예수와 그분의 나라입니다. 천국과 관련하여 당신이 알아야 할 신학적 주제가 하나 있는데, 그것은 바로 '이미 하지만 아직'입니다. 그리스도인은 마지막 날에 부활한 신령한 몸을 입고 물리적인 천국에 입성할 것입니다. 따라서 어떤 면에서 볼 때, 그리스도인 모두는 '아직' 완전한 천국을 경험하지 못했다고 말할 수 있습니다.

그럼에도 불구하고, 그리스도 예수를 믿는 자들은 '이미' 천국에 들어와 있습니다. 그리스도 예수를 믿는 순간 영적인 하늘나라가 신자들의 마음 안에 임하기 때문입니다. 그렇게 그리스도인들은 영적인 천국을 만나고 경험하며, 그리스도를 실제로 뵈옵는 그 순간까지 믿음의 눈으로 그 세계를 계속 보게 됩니다. 마음의 주인이 나 자신에서 그리스도로 바뀌어 버린 자들은 천국을 더 깊이 맛보며 점점 하늘 시민에 합당한 모습으로 성장합니다.

그러므로 예수께서 산상설교를 하시기 이전에 선포하신 이 진리는 참으로 옳습니다.

"회개하라 천국이 가까이 왔느니라"(마 4:17).

그리스도께서 초림 때 세우시고자 했던 나라는 결코 물리적 천국이 아닙니다. 영적인 천국입니다. 마음이 새롭게 되는 변화를 받은 자만이 입성할 수 있는 나라말입니다. 그래서 천국이 '이미' 임했다고 말씀드리는 것입니다.

즉 그리스도 예수 안에 있게 된 자들에게 영적 천국은 이미 그들의 것이 되었습니다. 무소부재하신 예수께서 그들 마음의 주인이 되셨기 때문입니다.

그런데 세상의 눈으로만 천국을 해석하던 유대주의자 무리는 영적인 하늘나라에 대해 전혀 무감각했습니다. 그래서 천국 주인이신 예수님을 보고도 천국을 느끼지 못했고, 그분의 말씀을 들어도 전혀 이해하지 못했습니다. 그런 그들의 열매는 세상 끝 날에 임할 물리적 천국을 지금 현시대에 세우려 애쓰는 모습으로 발현됩니다.

오늘날 이 땅 위에 지상천국을 건설하려는 자들이 많이 있습니다. 특히 사이비 이단 교주들을 잘 살펴보면, 악한 교리를 가지고 사람들을 미혹하는 것을 볼 수 있습니다. 저는 이들을 현대판 유대주의자라고 명명하고 싶습니다.

이들에게 천국이란, 그리스도 예수로 말미암는 '이미 하지만 아직'의 나라가 아닙니다. 그들의 천국은 오직 현재에 임해야 할 나라이며, 자기만족을 채워줄 환상의 파라다이스일 뿐입니다. 어쩌면 요즘 널리 퍼져있는, 이 땅에서 물질적인 성공을 반드시 이뤄야 한다고 주장하는 번영주의 신학, 번영주의 복음 또한 이와 다르지 않을 수 있다는 생각을 해봅니다.

오병이어 사건은 또 다른 좋은 예입니다. 기적을 체험한 무리의 반응은 앞선 논의를 잘 입증합니다. 육신의 만족을 경험한 무리는 당장 눈앞에 펼쳐지는 천국을 맛보기 원했습니다. 하지만 예수님은 자신이 세우실 나라의 성격을 정확히 알고 계셨기에 그 눈먼 무리를 떠나셨습니다.

> "그러므로 예수께서 그들이 와서 자기를 억지로 붙들어 임금으로 삼으려는 줄 아시고 다시 혼자 산으로 떠나가시니라"(요 6:15).

산상수훈의 대상

다시 산상수훈의 첫 번째 절로 돌아갑니다.

> "예수께서 무리를 보시고 산에 올라가 앉으시니 제자들이 나온지라"(마 5:1).

예수님은 지금 누구에게 자신의 숭고한 뜻을 가르치고 있습니까?

바로 자신을 따르기로 결단 내린 '제자'입니다. 제자란, 복음을 듣고 가만히 서 있는 자들이 아닙니다. 그리스도의 제자란, 복음을 듣고 예수님을 따르기로 결단 내린 사람입니다. 더 나아가 결단을 내렸을 뿐만 아니라 실제로 자기 삶을 그분께 드린 자입니다.

> "말씀하시되 나를 따라오라 내가 너희를 사람을 낚는 어부가 되게 하리라 하시니. 그들이 곧 그물을 버려두고 예수를 따르니라"(마 4:19-20).

주님은 무리가 아닌 제자에게 집중하시기 위해 산에 오르셨습니다. 그분의 의도는 분명합니다. 말씀을 그저 듣기만 하는 무리가 아닌, 자기를 부인하고 예수님을 주인으로 모시기로 결단 내린 제자를 섬기시기 위함이었습니다. 물론 예수께서 오르신 갈릴리산 위에는 제자들만 있었던 것은 아니었습니다. 믿음이 없는 무리도 그곳에 있었습니다.

> "예수께서 이 말씀을 마치시매 무리들이 그의 가르치심에 놀라니"(마 7:28).

하지만 주님의 우선순위는 제자들이었습니다.

산상수훈의 목적

이를 통해 주님의 산상설교 목적을 두 가지로 압축해 볼 수 있습니다. 산상설교의 일차적 목적은 이미 믿음을 가진 제자들에게 천국의 법도를 알려 주심으로, 그에 합당한 인격과 삶을 살게 하시기 위함입니다. 이차적 목적은 아직 천국 문밖에 있는 무리에게 그 나라의 높은 기준을 가르치시어, 자신의 무능력을 깨닫고 왕 앞에 무릎 꿇게 하심으로써 주님을 따라 살게 하시려는 의도입니다.

그러므로 산상수훈이 도대체 어떤 말씀이냐고 묻는다면, 복음에 대한 위대한 진술이라고 말씀드리고 싶습니다. 그리스도의 설교는 복음 그 자체입니다. 그뿐만 아니라, 새 계명의 주인께서 새로운 법도와 규범을 선포하신 위대한 도덕률입니다.

간략하게 정리하자면 산상설교는 은혜와 율법의 아름다운 만남이자 조화입니다. 따라서 먼저 성령으로 거듭나지 않고서는 팔복을 이해할 수 없으며, 그리스도가 제시하시는 복들 중 단 하나도 자신의 인격에 채워 넣을 수 없습니다.

심령이 가난한 것과 죄를 슬퍼하는 마음, 인내로 단련된 연한 마음, 의로움을 갈망하는 심령, 긍휼을 베푸는 행위, 깨끗한 속사람, 평화를 불러일으키는 말과 행실, 복음의 의를 위하여 핍박받기를 주저하지 않는 용기. 이 모두는 태생적으로 갖게 되는 자연적 기질과 아무런 관련이 없습니다. 오직 성령으로 다시 태어난 자만이 받아들일 수 있는 복된 성품이며, 이러한 자만이 복을 주신 하나님께 감사로 화답할 수 있습니다.

인도의 위대한 스승 간디는 산상수훈을 즐겨 묵상했다고 합니다. 철저한 도덕주의자이자 금욕주의자였던 간디에게 그리스도의 설교는 매우 매력적인 가르침이었을 것입니다. 더 윤리적인 인간이 되기 위해 이보다 훌륭한 지침서는 없었을 것입니다. '악한 자를 대적하지 말고 누구든지 네 오른편 뺨을 치거든 왼편도 돌려 대라'라는 예수님의 가르침은 영국을 향한 비폭력 저항운동의 좋은 지침이 되지 않았을까 추측해 봅니다. 사회 복음을 주장하는 분들이 산상수훈을 사회 정의를 실현시킬 교리체계로 사용하는 것과 같이 말입니다.

하지만 간디가 인도 사람들을 영국의 압제로부터 해방시키는 데 큰 도움을 주었을지는 모르겠으나, 죄라는 무시무시한 권세자로부터의 해방은 돕지 못했습니다. 간디는 거듭남 없이 자연인의 상태로 산상수훈을 그저 윤리 지침서로 수용했을 뿐입니다.

간혹 믿음이 없는 분 중에 그리스도인보다 더 온유해 보이는 분이 있습니다. 그러나 아무리 부드러운 성격을 가지고 태어났다 할지라도 복음 앞에 무릎 꿇어 본 적이 없는 심령은 단언컨대, 교만으로 가득 차, 자기 죄에 대해 애통해 할 줄 모릅니다. 어느 누가 정신적인 스승의 역할을 자처하며 많은 이들에게 선한 영향력을 끼쳤다고 할지라도, 그리스도 밖에 있는 의로움이란 하나님의 영광에 전혀 미치지 못하는 어둠의 영광일 뿐입니다.

저는 지금까지의 논의를 한 문장으로 정리하고자 합니다. '오직 성령의 능력으로 거듭난 자만이 예수께서 선포하시는 하늘의 복, 곧 천국 백성의 성품을 자기 인격의 열매로 맺을 수 있습니다.' 이에 대한 세 가지 이유를 제시하겠습니다.

거듭난 자가 그리스도의 성품을 가질 수 있는 이유

복의 주권자가 베푸시는 선물

첫째, 예수께서 제시하시는 복은 주권자가 베푸시는 은혜의 선물이기 때문입니다. 본문에 나온 복, 헬라어로 "마카리오스"는 행복이라는 뜻입니다. 그런데 이 행복은 사람들이 흔히 생각하는 행복과는 다릅니다. 이는 우리의 주관적인 느낌이 아닙니다. 외부적 상황의 변화로 말미암는 일시적 기쁨이 아닙니다. 그 이유는 복의 주체가 인간이 아니기 때문입니다. 이 행복은 하나님이 주시는 은혜의 선물입니다.

즉 예수께서 말씀하시는 복은 객관적인 복입니다. 저는 이를 복음의 약속이라 말씀드리고 싶습니다.

"하나님의 사랑이 우리에게 이렇게 나타난바 되었으니 하나님이 자기의 독생자를 세상에 보내심은 그로 말미암아 우리를 살리려 하심이라. 사랑은 여기 있으니 우리가 하나님을 사랑한 것이 아니요 하나님이 우리를 사랑하사 우리 죄를 속하기 위하여 화목제물로 그 아들을 보내셨음이라"(요일 4:9-10).

아들의 십자가 공로를 통해 죄인을 구원하시겠다는 아버지의 신실하신 약속 때문에 하늘의 복은 언제까지나 영원한 기쁨과 함께 평강을 우리에게 가져다줍니다.

예수께서 희망을 상실했던 사마리아 여인에게 들려주셨던 위로의 메시지를 떠올려 봅니다.

"내가 주는 물을 마시는 자는 영원히 목마르지 아니하리니, 내가 주는 물은 그 속에서 영생하도록 솟아나는 샘물이 되리라"(요 4:14).

그리스도라는 생수는 절대 마르는 법이 없습니다. 영생의 샘물이기 때문입니다. 우리 내면의 주인 되신 예수님은 언제 어디서나 우리 지식과 지혜와 능력의 원천으로 영원히 서 계실 것입니다.

그러므로 소망을 가지시기를 바랍니다. 때때로 우리는 실패하지만, 하나님의 복은 실패하는 법이 없습니다. 십자가 은혜를 다시 한

번 떠올려 보시기를 바랍니다. 우리가 연약하여 죄를 지을 때에도 자비와 긍휼로 오래 참으시는 그리스도의 은혜는 우리가 다시 경건의 자리로 나아가도록 인도합니다.

내적인 변화

오직 성령의 능력으로 다시 태어난 자만이 예수께서 선포하시는 하늘의 성품을 열매로 맺을 수 있는 둘째 이유는 산상설교의 복이란 내적인 변화를 가리키기 때문입니다. 심령이 가난하고, 애통하고, 온유하고, 마음이 청결한 것은 인간이 지닌 능력이나 불굴의 의지로 성취할 수 있는 것들이 결코 아닙니다. 이는 오직 성령으로 새롭게 잉태된 자들에게 허락되는 속사람을 뜻합니다. 다시 말해서, 오직 성령께서 인간의 내면을 새롭게 창조하셔야만 비로소 가질 수 있는 새 인격입니다.

다윗은 이 진리를 정확히 꿰뚫고 있습니다. 그는 이 '새 마음'을 스스로 쟁취하려고 하지 않습니다. 본래 자기 것이 아니며, 자기 지혜와 능력으로 얻을 수 있는 유형의 것이 아니기 때문입니다. 다윗은 단지 주권자께 새 마음을 창조해 달라고 간청할 뿐입니다. 애원할 뿐입니다.

"하나님이여 내 속에 정한 마음을 창조하시고 내 안에 정직한 영을 새롭게 하소서"(시 51:10).

　인간의 본질적인 문제는 절대 외적인 개혁으로 해결되지 않습니다. 우리가 무언가 더 많이 발전한다고 해서 해결되는 성질의 것이 아닙니다. 그러한 피상적인 개혁은 근본적인 변화에 단 하나도 보탬이 되지 않습니다. 인간의 눈으로 보기에 그 성취가 얼마나 대단하든지 간에, 겉으로 드러난 인격적 변화가 얼마가 그럴듯해 보이든지 간에, 하늘의 도우심이 빠진 개혁, 곧 인간 스스로 계획하고 실행한 개혁은 하나님에겐 무익한 개선일 뿐입니다.

　인간의 진짜 문제는 내면의 부패입니다. 그런데 이 오염은 오직 성령의 주권적인 도우심으로만 정화가 될 수 있습니다. 성령으로 거듭나지 않고서는 인간 내면의 부패는 개혁되지 않습니다. 거듭나지 않고서는 예수께서 말씀하신, 세상에서 빛과 소금의 역할을 전혀 감당해낼 수 없습니다.

　거듭나지 않고서는 형제를 마음으로 아낄 수 없고, 내면으로부터 시작되는 간음 죄에서 벗어날 수 없습니다. 거듭나지 않고서는 자신을 공격하고 손해를 끼치는 자를 용납할 수 없고, 거듭나지 않으면 보복 대신에 그리스도의 사랑과 용서로 반응하기가 불가능합니다. 이 모든 것은 하늘의 능력이 임해야만 가능합니다.

삶의 변화와 보상

오직 성령의 능력으로 다시 태어난 자만이 예수께서 선포하시는 하늘의 성품을 열매로 맺을 수 있는 마지막 이유는 복의 실제적 결과 때문입니다. 팔복을 묵상하다 보면, 문장마다 뚜렷하게 반복되는 구조 하나를 발견합니다. 팔복의 모든 문장은 '~한 자는 복이 있는데, 이 사람에게는 ~한 결과가 뒤따른다'라는 형식을 취하고 있습니다. "심령이 가난한 자는 복이 있나니 그 이유는 천국이 그들의 것이기 때문이다", "애통하는 자는 복이 있나니 그들이 위로를 받을 것이기 때문이다" 등이 그것입니다.

여기서 추론해 볼 수 있는 사실은 하나님께서 주시는 복은 성품의 변화입니다. 하지만 거기서 끝나지 않습니다. 성품의 변화는 반드시 관계의 변화와 삶의 변화로 이어집니다. 곧 예수께서 가르치신 복은, 내적 변화뿐만 아니라 그 인격에 걸맞은 삶의 변화와 미래 보상까지도 포함합니다.

저는 성령을 더 의지하는 사람일수록 성품의 변화와 삶의 변화를 조화롭게 이루어 갈 수 있다고 말씀드리고 싶습니다. 거듭남은 인간의 측면에서 보았을 때, 수동적으로 주어지는 은혜입니다. 과거 자연인일 때 우리의 자유의지는 하나님의 영광을 바랄 수 없는, 곧 영적으로는 완전히 죽은 의지였습니다. 하지만 성령께서는 죄인을 거듭나게 하실 때 그가 소유하던 자유의지의 성질을 바꾸십니다. 어떻게 말입니까? 하나님의 영광을 바랄 수 있고, 그분의 뜻에 순종할 수 있는 거룩하고 선한 의지로 바꾸어 놓으십니다.

그러므로 거듭난 백성은 자유의지를 선하게 사용해야 할 책임이 있습니다. 성령을 근심하게 하지 말아야 합니다. 성령께서 조명해 주시는 말씀에 순종하려 애쓸수록, 영적 천국의 실재성을 더 깊고 진하게 경험하는 은혜를 누릴 수 있습니다. 육신을 따르지 않고 성령을 따르기로 마음먹은 자일수록, 상황의 힘듦 속에서도 참된 위로를 경험하게 됩니다.

성령을 의지하는 사람은 육신의 배가 고플지라도, 진리로 말미암아 영적인 배가 부릅니다. 거듭남의 신비에 노출된 자일수록 자비의 옷으로 자신을 감싸며, 긍휼의 주인이신 예수 그리스도를 바라봅니다. 그리스도의 그리스도 되심을 인정합니다. 자기 삶의 통치권을 주께 드립니다.

그래서 성령을 의지하는 자는 예수님의 왕 되심을 찬양하지 않을 수 없습니다. 이러한 자는 과거 율법을 무거운 짐으로만 여겼던 자신으로부터 돌이켜 나옵니다. 그리고 마음 깊이 율법을 새겨 주신 진리의 주인을 따라 기쁨으로 계명에 순종하는 복음의 길을 걷습니다.

"율법이 육신으로 말미암아 연약하여 할 수 없는 그것을 하나님은 하시나니 곧 죄로 말미암아 자기 아들을 죄 있는 육신의 모양으로 보내어 육신에 죄를 정하사 육신을 따르지 않고 그 영을 따라 행하는 우리에게 율법의 요구가 이루어지게 하려 하심이라"(롬 8:3-4).

그러므로 그리스도의 위대한 설교, 곧 산상수훈의 세계는 성령님을 따라 행하기를 기뻐하는 자들에게만 열리는 세계입니다. 또한 오직 성령을 의지하는 자만이 예수님이 가르치시는 높은 기준에 도달할 수 있습니다.

마무리하며 예수님의 공생애 사역의 첫 선포를 보겠습니다.

"회개하라 천국이 가까이 왔느니라"(마 4:17).

하나님께서는 우리에게 스스로 거듭나라고 명령하신 적이 단 한 번도 없으십니다. 대신 우리에게 주신 명령은 '회개하라'입니다. 천국에 들어가고 싶으십니까? 그렇다면, 당신의 죄를 회개하십시오. 회개에 대한 마음이 아직 없으신가요? 저는 이렇게 간청합니다.

다윗의 본을 따라 주께 매달리십시오. 간절히 구하십시오. 당신의 굳은 마음을 제거하여 부드럽게 해달라고 간청하십시오. 새로운 마음을 창조해달라고 애원하십시오. 그리스도의 거룩한 십자가를 마음으로 받아들일 수 있게 해달라고 간청하십시오. 하나님의 은혜가 자비롭게 임할 때, 회개는 자연스레 터져 나올 것입니다.

2.

심령이 가난한 자

심령이 가난한 자는 복이 있나니 천국이 그들의 것임이요(마 5:3)

우리는 앞에서 산상수훈의 두 가지 목적을 알았습니다. 첫째는 이미 구원받은 자가 구원에 합당한 인격과 삶을 살게 하기 위함이었습니다. 둘째는 아직 구원받지 않는 자에게 천국의 높은 기준을 선포함으로, 그들이 왕이신 그리스도 예수께 무릎을 꿇게 하기 위함이었습니다.

이에 근거했을 때, 산상수훈을 생명의 말씀으로 여길 수 있는 자는 오직 누구라고 말할 수 있습니까? 바로 중생한 그리스도인입니다. 오직 성령으로 거듭난 자만이 산상설교를 무거운 짐으로 여기지 않을 수 있습니다. 그는 되려 그리스도의 설교를 자유의 복음으로 여깁니다. 핵심은 성령께서 그 사람 안에 계시느냐 계시지 않느냐에 있습니다.

율법의 정죄와 예수 그리스도

과거 율법은 정죄의 칼날을 갈며 죄인인 우리 모두를 벼랑 끝으로 몰고 갔습니다. 구약의 마지막 책, 마지막 메시지는 죄인을 향해 무서운 저주를 선포합니다.

> "돌이키지 아니하면 두렵건대 내가 와서 저주로 그 땅을 칠까 하노라 하시니라"(말 4:6).

율법은 무서운 심판의 법으로 죄인들을 점점 주눅 들게 만들었습니다. 율법은 하늘 재판의 검사되기를 자처하며, 하늘의 판사에게 죄인 모두를 범죄자로 기소했습니다. 율법은 죄악의 리스트를 우리에게 보여주며, 나 자신이 누구인지를 깨닫게 했을 뿐만 아니라, 하늘의 재판장에게 범죄 내역들을 낱낱이 고했습니다. 율법은 세상에서 가장 무거운 멍에를 우리 목에 매달았습니다.

하지만 반전이 일어났습니다. 마태복음은 복음으로 가득 차 있습니다. 다윗의 자손으로 나실 왕(마 1:1), 그리스도 예수의 탄생과 공생애 사역을 기록합니다. 그리스도는 병에 걸려 고통당하는 자, 약한 자, 가난한 자, 귀신들린 자를 고치십니다(마 4:23-24). 죄로 신음하는 인생들에게 천국 복음을 선포하십니다.

> "예수께서 온 갈릴리에 두루 다니사 그들의 회당에서 가르치시며 천국 복음을 전파하시며"(마 4:23).

그분은 결코 입술로만 복음을 말씀하지 아니하셨습니다. 하나님의 약속을 성실하게 지키셨고, 완성하셨습니다. 율법이 드리웠던 어두운 그림자를 복음의 은혜로 덮으셨습니다.

어떻게 말입니까? 예수님은 하늘의 재판석에서 내려오셔서 피고석으로 발걸음을 옮기셨습니다. 우리를 대신해 죄인의 자리에 앉으셨습니다. 이것을 증거하는 것이 십자가의 대속 사건입니다. 하늘의 주권자는 죄인을 대신해 율법의 저주를 모두 떠안으셨습니다.

> "그리스도께서 우리를 위하여 저주를 받은 바 되사 율법의 저주에서 우리를 속량하셨으니 기록된 바 나무에 달린 자마다 저주 아래에 있는 자라 하였음이라"(갈 3:13).

그리스도는 자비와 사랑으로 우리의 죄를 대신 감당하셨습니다. 그뿐만 아니라, 성령을 우리에게 선물로 보내주셨습니다.

율법의 정죄와 성령

약속대로 성령님은 죄인인 우리 마음속에 들어오셨습니다. 이는 가장 인격적이고 자비로우며, 배려가 넘치는 사랑의 침투입니다.

그때 우리 내면에 이전에는 없던 새로운 마음이 생겨났습니다. 자연인에게서는 결코 발견할 수 없는 새로운 성질의 것이었습니다. 이내 그리스도를 믿기로 결단 내린 것을 기뻐하게 되었습니다. 율법의 요구를 모두 감당하신 예수님을 따르기로 마음먹게 되었습니다.

율법은 더 이상 우리를 정죄하지 못합니다. 왜입니까? 로마서 8장 2절이 증언하는 것처럼, 그리스도 예수 안에 있는 생명의 성령의 법이 죄와 사망의 법에서 우리를 완전히 해방하였기 때문입니다. 예수님은 십자가에서 아버지의 거룩의 진노를 모두 흡수하셨습니다. 스스로 희생 제물이 되어 주권자의 거룩의 진노를 기쁨으로 완전히 뒤바꾸어 놓으셨습니다. 그래서 율법은 그리스도를 믿는 자를 더 이상 정죄할 명분이 없습니다. 정죄할 것이 단 하나도 없습니다. 되려 율법은 사랑의 법으로 그리스도 안에 있는 자를 격려합니다.

그러므로 성령 안에 있는 자는 새로운 시각으로 율법을 바라봅니다. 성령께서 그의 마음속에 그리스도의 새 법을 새겨 놓으셨기 때문입니다. 사랑의 법을 신자 마음 깊숙이 심어 주셨습니다. 그뿐만 아니라 주의 법을 순종할 수 있는 능력과 의지 모두를 은혜의 선물로 넘치게 부어 주셨고, 지금도 부어 주고 계십니다. 따라서 산상수훈의 가르침은 성령의 사람에게는, 기쁨이 넘치는 말씀인 것이 확실합니다.

작은 예수

이런 면에서, 팔복은 영적인 복이자 내적인 복입니다. 팔복의 행복은 복음의 객관적 진리로 말미암는 내적인 행복이기 때문입니다. 그래서 믿음을 소유한 자는 믿음의 나라인 천국을 더 맛보고 경험할수록 참된 행복이 무엇인지를 더욱 알게 됩니다.

이때 영적 천국을 경험한다는 말은 어떤 신비주의적인 명상이나 감상적 체험을 의미하는 것이 아닙니다. 영적 천국을 경험한다는 것은, 지성과 감성과 의지, 즉 전인격을 통해 그리스도 예수를 더 깊이 알게 되는 것이기 때문입니다. 다시 말해 신자의 평범한 삶 속에서 비범하신 그리스도를 알아감으로, 조금씩 그분의 성품을 닮아가는 것이 기독교의 참된 복이라 하겠습니다.

그러므로 당신의 눈앞에 펼쳐진 팔복은 그리스도 예수의 성품 그 자체라고 말하는 것이 옳을 것입니다. 누군가가 팔복을 제대로 이해하고, 그에 감동하고, 그것을 경험하고, 그 가치를 신실하게 살아낸다면, 그는 작은 예수라 불리기에 마땅합니다. 따라서 성도들의 삶의 최종 목표인 예수님을 닮는 비결이 예수께서 설파하신 산상수훈의 팔복 메시지 안에 다 들어 있다고 해도 과언이 아닌 것입니다.

가난의 의미

마태복음 5장 3절을 같이 보겠습니다.

"심령이 가난한 자는 복이 있나니 천국이 그들의 것임이요"

예수님은 지금 이렇게 말씀하고 계십니다. '하나님이 은혜를 부어 주신 자는 심령이 가난하게 되는데, 그가 복이 있는 이유는 천국이 이제 그의 것이기 때문이다.' 이 말이 무슨 뜻일까요? 주께서 이렇게 말씀하신 의도가 무엇일까요?

우리는 먼저 가난의 의미를 제대로 이해할 필요가 있습니다. 어떤 분은 이 가난을 육신적인 궁핍으로 해석하기도 합니다. 누가복음 6장 20절을 보시면, 산상수훈과 매우 비슷한 말씀을 발견하게 됩니다.

> "예수께서 눈을 들어 제자들을 보시고 이르시되 너희 가난한 자는 복이 있나니 하나님의 나라가 너희 것임이요"(눅 6:20).

어떤 사람은 이 말씀에 근거하여 예수께서 가르치시는 가난은 실제적인 궁핍일 것이라고 말합니다.

당시 예수님이 사역하셨던 사람들을 살펴보면, 병들거나 장애가 있고 사회적, 경제적으로 매우 열악한 상황에 놓여있던 자들이었던 것은 맞습니다. 실제 그들은 궁핍에 지쳐있던 자들이었습니다. 그럼에도 불구하고, 마태복음의 산상수훈에서 예수께서 가르치시는 가난은 육신적인 것이 아닌 것으로 보입니다.

첫째, 육신적 가난은 결코 천국에 들어가는 조건이 될 수 없기 때문입니다. 만약 그렇다면, 성경 전반에 기록된 구원 교리와 예수님의 가르침은 서로 모순이 됩니다.

둘째, 육신적 가난은 절대 인간의 내면을 바꾸지 못하기 때문입니다. 외부의 변화는 내면에 변화를 일으킬 수 없습니다. 실례로, 로마가톨릭교회는 자기 비움을 미덕으로 여겼습니다. 그들이 추구했던 자기 비움은 물질적인 빈곤을 자처하는 형태였습니다. 청빈, 금욕, 고행과 수행의 삶을 통해 하나님과 가까워질 수 있다는 그들의 생각은 독신의 수도사와 수녀를 낳았습니다. 1517년 종교개혁을 일으킨 마틴 루터 또한 회심하기 전 가톨릭 신부였습니다. 그는 한때, 자기 빈곤의 삶을 통해 하나님의 기준에 도달하려고 발버둥을 쳤습니다. 하지만 결국 그것이 구원을 얻는 데 무익하다는 것을 깨달았을 뿐이었습니다.

구약에 나타난 믿음의 조상에게 눈을 돌려 봅시다. 요셉은 어떤 사람이었습니까? 물론 그는 엄청난 시련을 거쳤으나, 결국 애굽의 총리가 되었습니다. 그는 실제로 부자였습니다. 애굽 왕 다음으로 높은 권력자가 요셉이었다는 사실을 주목해 주십시오.

"바로가 요셉에게 이르되 나는 바로라 애굽 온 땅에서 너의 허락이 없이는 수족을 놀릴 자가 없으리라 하고"(창 41:41).

그런데 이렇게 물질적인 풍요를 누렸던 요셉이 천국 백성이 아니라고 누가 말할 수 있겠습니까? 요셉이야말로 신실한 믿음의 사람이었습니다. 요셉은 신분적으로나 경제적으로나 가장 최정점에 있던 시기에, 과거 자기를 죽이려 했던 형들을 만나게 됩니다. 하지만 놀랍게도 원수 같던 형들을 향해 자비의 손길을 내밉니다. 하나님의 섭리를 믿음의 눈으로 바라보면서 이렇게 말합니다.

> "당신들이 나를 이곳에 팔았다고 해서 근심하지 마소서. 한탄하지
> 마소서. 하나님이 생명을 구원하시려고 나를 당신들보다 먼저 보내
> 셨나이다"(창 45:5).

이를 볼 때, 요셉이야말로 예수께서 가르치시는 다섯 번째 복을
소유한 자라 말할 수 있습니다.

> "긍휼히 여기는 자는 복이 있나니 그들이 긍휼히 여김을 받을 것임
> 이요."(마 5:7).

요셉은 물질적으로 풍요롭다고 해서 자비를 베푼 것이 아니며, 경
제적 여유 때문에 하늘의 주인을 경외했던 것 또한 아닙니다. 인류
역사상 가장 많은 부를 소유했다고 알려진 솔로몬은 또 어떻습니까?
그는 말합니다.

> "헛되고 헛되며 헛되고 헛되니 모든 것이 헛되도다"(전 1:2).

지금까지의 논의를 역으로 가난에 적용해 봅시다. 물질적인 풍요

와 마찬가지로 물질적 빈곤 또한 영적인 열매를 가져다주는 핵심 열쇠는 아니라고 결론 내릴 수 있습니다. 마태복음에서 예수께서 가르치시는 가난은 영적 가난의 상태를 지칭합니다. '심령'이 가난한 자라고 말씀하셨기 때문입니다. 이는 우리 내면이 낮아지면 낮아질수록 행복이 더 커진다는 의미이기도 합니다.

가난이라는 단어의 헬라어는 "프토코스"입니다. 이 단어는 그저 조금 부족한 상태 혹은 약간의 가난을 말하는 것이 아닙니다. 최악의 빈곤을 의미합니다. 심지어 평생을 일해도 절대 갚을 수 없는 빚을 지게 된 사람이 결국 파산 신청을 한 것과 같은 상태를 말합니다. 따라서 프토코스의 가난이란 '영적 파산'을 의미합니다. '영적 무능력' 상태를 가리킵니다. 마치 길거리에서 구걸하는 거지와 같은 영적인 거지 상태를 뜻합니다. 즉 구걸하지 않으면 살 수 없는 자가 복이 있습니다. 주님은 스스로 아무것도 할 수 없는 이러한 무능력자를 복된 자라고 선포하십니다.

여기에 어떤 분들은 의문이 생기실 것입니다. 예수님께 이렇게 물으실지 모르겠습니다. '예수님! 이러한 상태가 어떻게 복이 될 수 있습니까? 본래, 복된 소식이란, 제게 좋은 소식이어야 하지 않나요? 제게 부와 명예와 지위를 가져다주는 그런 기쁜 소식이어야 하지 않나요? 그런데 어떻게 제가 영적인 거지가 되는 것이 복되다고 말씀하십니까? 제 인권은 어디에 있습니까? 제가 볼 때, 주님은 저의 인

권을 무시하는 발언을 하고 계신 것 같습니다. 저는 이 복을 결코 받아들일 수 없습니다.'

심령이 가난한 자가 복이 있는 이유

우리 같이 한번 생각해 봅시다. 왜 심령이 가난한 자가 복이 있습니까?

자신의 현주소를 볼 수 있기 때문

첫째 이유는 영적으로 파산한 자만이 자신의 문제를 올바로 파악할 수 있기 때문입니다. 산상수훈에서 말하는 가난은 의존의 문제입니다. 누구를 의지하는가에 대한 논의입니다. 곧, 가난하냐 가난하지 않느냐는 내가 현재 의존하는 대상이 누구인지와 관련된 문제입니다.

자신을 의지하는 사람은 자기가 항상 부요하다고 생각합니다. 스스로 부요하다 믿습니다. 육신적으로 가난하든 부하든, 그러한 외적인 상태와 상관없이, 자기 능력을 과신하는 자는 항상 내면이 교만으로 가득 차 있습니다. 그 근본 원인은 태생적으로 선하게 태어났다는 굳은 신념입니다.

이러한 자의 특징은 항상 오만한 사람을 의지합니다. 의존의 대상은 자기 자신이 될 수도 있고, 눈으로 보기에 능력이 출중해 보이는 다른 어떤 존재가 될 수도 있습니다. 마음이 부한 자들의 공통된 특징은 의지해야만 하는 대상을 외면하고, 의지하지 말아야 할 대상만을 찾아 그의 도움을 먹고 마시려 합니다.

마음이 딱딱하여 목이 뻣뻣하게 서 있던 과거의 애굽이 그러했고, 남유다가 그러했습니다. 에스겔 29장 3절은 말합니다.

> "너는 말하여 이르기를 주 여호와께서 이같이 말씀하시되 애굽의 바로 왕이여 내가 너를 대적하노라 너는 자기의 강들 가운데에 누운 큰 악어라 스스로 이르기를 나의 강은 내 것이라 내가 나를 위하여 만들었다 하는도다"(겔 29:3).

애굽의 '바로'란, 로마의 시저와 같이 '왕'을 지칭하는 단어입니다. 에스겔서에서 말하는 '바로'는 B.C. 589-570, 약 19년간 애굽을 통치한 '호브라'라는 인물입니다. 애굽의 왕 호브라는 남유다의 마지막 왕 시드기야에게 바벨론을 대적하기 위한 군사를 지원해 줄 것을 약속합니다. 하지만 애굽 내의 정치적 불안을 이유로 그 약속은 파기되었고, B.C. 586년, 남유다는 결국 바벨론의 포로가 됩니다.

하나님은 애굽 왕을 큰 악어라 칭하십니다. 큰 악어는 거대한 힘을 상징합니다. 스스로를 신이라 칭한 높아진 심령을 상징합니다. 그래서 왕 호브라는 나일강의 주인은 자신이며, 거대한 강을 창조한 신이 자신이라 주장합니다.

그런데 더 큰 문제는 남유다의 마지막 왕 시드기야에게 있습니다. 그동안 주께 범했던 죄악에 대한 징계로써 바벨론 포로로 끌려가는 자기 처지를 전혀 깨닫지 못하고, 되려 자칭 신이라 여기는 애굽의 오만한 권세자를 의뢰하고 신뢰했기 때문입니다.

우리는 여기서 어리석은 두 왕을 보게 됩니다. 본래 흙으로부터 만들어졌음에도 스스로 존재하시는 여호와 하나님 행세를 하려 하는 어리석은 한 왕이 있습니다. 또한 그러한 흙먼지와도 같은 연약한 인생을 의존하려는 다른 어리석은 왕을 발견합니다.

여호와께서는 이렇게 오만한 애굽을 완전히 낮추시어, 초라하고 미약한 국가가 되게 하십니다. 주권자는 말씀하십니다.

"그들이 다시는 이스라엘 족속의 의지가 되지 못할 것이요 이스라엘 족속은 돌이켜 그들을 바라보지 아니하므로 그 죄악이 기억되지 아니하리니 내가 여호와인 줄을 그들이 알리라"(겔 29:16).

교만은 의지하지 말아야 할 대상을 의지하게 만드는 헛된 지혜이자 무익한 능력입니다. 사람이 사람을 의존하는 것만큼 어리석은 것은 없습니다. 죄인이 죄인에게 살려달라고 애원하는 것만큼 가련한 것도 없습니다. 오직 여호와 하나님만이 죄인의 유일한 피난처이십니다. 구원의 손길이십니다.

그런데 성령께서 은혜를 부어주신 자는 어둠의 장막이 눈에서 걷어집니다. 그리고 자기 내면의 현주소를 깨닫습니다. 동시에 스스로를 신뢰했던 자신에게 배신감을 느낍니다. 왜입니까? 의로운 줄 알았던 자신이 실상은 하나님 앞에 완전히 불의한 자라는 사실을 부정할 수가 없기 때문입니다. 그뿐만 아니라, 죄의 문제를 해결할 수 있는 지혜와 능력이 자신에게 전혀 없다는 사실을 자각하게 되었기 때문입니다. 그는 영적 파산자로서의 자기 정체성을 철저히 인정하게 됩니다.

자기 신뢰가 무너지는 순간입니다. 하지만 역설적으로 이러한 자야말로 복이 있습니다. 자기 신뢰에 금이 간 사람만이 본래 신뢰해야만 했던 대상을 비로소 의지할 수 있기 때문입니다. 자기 신뢰가 무너진 자는 그리스도 예수를 신뢰하게 되어 있습니다.

예수님을 만날 수 있기 때문

심령이 가난한 자가 복이 있는 둘째 이유는 이러한 자만이 예수님을 만날 수 있기 때문입니다. 자신이 무언가를 하나님께 줄 수 있다고 굳게 믿는 사람들은 복음을 복음으로 여기지 않습니다. 대신, 그리스도 예수께서 감당하신 십자가의 숭고한 희생이 삭제되어 버린 복음, 즉 거룩과 전혀 상관이 없는 가짜 복음을 우상처럼 숭배합니다. 영적 파산 상태에 직면하기를 싫어하는 자들은 거짓된 복음으로 자기 삶을 포장하기 바쁩니다. 예수께서 강하게 비판하셨던 바리새인과 같이 겉으로만 경건한 척, 위선을 일삼는 자가 이에 해당이 됩니다.

세상 사람들이 듣기에 전혀 거리낌이 없는 복음, 자기 위상을 높여줄 것만 같은 고상해 보이는 복음, 세상 철학 그리고 합리주의와 어깨를 나란히 하는 복음, 과정이야 어찌 되었든 외적인 결과만 좋다면 괜찮다는 실용주의적인 복음, 믿는 사람에게 고통 없는 번영과 시련 없는 성공을 약속하는 번영주의 복음. 이러한 거짓 복음을 음식으로 삼아 탐욕의 살을 찌우는 자들은 스스로 하나님께 무언가를 줄 수 있다고 생각합니다. 안타깝게도 거기에 만족은 없고 공허함만 남아 그의 내면과 삶을 더 힘들게 할 뿐인데 말입니다.

하지만 그리스도의 복음은 교만한 자를 더 교만한 자로 만들지 않습니다. 복음의 능력은 높아진 심령을 깨부수어 철저히 낮춥니다. 복음은 우리 자존감을 높여서 예수님을 만나게 하지 않습니다. 되려 겸손의 왕 예수님을 만나기 위해, 먼저 마음을 비우게 합니다. 심령이 가난한 자가 복이 있는 이유는, 그래야 비로소 예수님을 마음에 모실 수 있는 조건을 갖추게 되기 때문입니다. 자기가 비천하다 믿는 사람만이, 그 비천을 풍요로 채워주실 그리스도 예수를 바라봅니다. 주님은 말씀하십니다.

"내 나라는 이 세상에 속한 것이 아니니라"(요 18:36).

그리스도의 나라는 이 세상의 가치와 전혀 짝하지 않습니다. 그리스도는 오직 세상 가치와 반대되는 길을 걷게 된 자만이 만날 수 있는 하늘의 왕이십니다.

마태복음 5장 2절을 보시면, "입을 열어 가르쳐 이르셨다"라고 말합니다. 예수님의 입술에서 나온 선포는 어떤 조언이나 그저 듣기 좋은 명언이 아닙니다. 왕의 선언입니다. 최상의 법정에서 선포한 천국 선언문입니다. 사람의 영적 생사 여부를 가르는 하늘의 절대 기준입니다. 그래서 마태복음 7장 29절은 말합니다.

"그 가르치시는 것이 권위 있는 자와 같고 그들의 서기관들과 같지 아니함일러라"(마 7:29).

왜 예수님은 당시 율법 선생들인 서기관과 다르셨습니까? 최종 권위자이셨기 때문입니다. 그러나 당시 율법 교사였던 서기관이 그러했던 것처럼, 스스로 권위 있다고 믿는 사람은 되려 예수님을 십자가에 못 박게 할 뿐만 아니라, 그것이 정당한 처사라고 생각합니다. 그러면서 자신은 합법적인 일을 했을 뿐이라 말합니다.

그러나 그리스도를 진정한 권위자로 여기는 사람들은 십자가에 본래 매달려야 할 사람은 자신이었다고 말합니다. 그래서 영적 빈곤함을 채워주실 분은 자기를 대신해서 십자가를 지신 그리스도라고 말합니다. 그분을 소망하며, 열망합니다. 동시에 정작 주께 용서를 구할 자격도 없는 자라는 것을 알기에 '주여 이 죄인을 용서해 주시옵소서' 하며 상한 심령의 부르짖음을 읊조립니다.

"여호와는 궁핍한 자의 소리를 들으시며"(시 69:33).

"그는 궁핍한 자가 부르짖을 때에 건지며, 도움이 없는 가난한 자도 건지며, 그는 가난한 자와 궁핍한 자를 불쌍히 여기며 궁핍한 자의 생명을 구원하며"(시 72:12~13).

"무릇 마음이 가난하고, 심령에 통회하며, 내 말을 듣고 떠는 자, 그 사람은 내가 돌보려니와"(사 66:2).

여호와께서는 왜 마음이 가난한 자의 음성에 귀를 기울이시고 돌보시고, 건지신다고 하십니까? 왜 궁핍한 자의 생명을 구원한다고 하십니까?

그 이유는 심령이 가난한 자만이 자기 죄에서 돌이켜 구원의 주 예수 그리스도를 만날 수 있기 때문입니다. 그러한 자만이 아버지의 아들 예수 그리스도의 따뜻한 품에 안겨 평안을 누리며, 기뻐 뛰놀 수 있기 때문입니다.

예수님을 더 닮을 수 있기 때문

심령이 가난한 자가 복이 있는 셋째 이유는 궁핍한 자가 예수님을 더 닮을 수 있기 때문입니다. 자기를 부요하다 여기는 자는 되려 가난해지지만, 자기를 비천하다 여기는 자는 되려 부요해집니다. 바울을 말합니다.

"그 안에는 지혜와 지식의 모든 보화가 감추어져 있느니라"(골 2:3).

영적으로 가난한 사람은 되려 그리스도 예수라는 최고의 보화를 얻습니다. 그분만 아니라 그분의 나라를 상속받게 됩니다. 더 나아가서, 예수님의 인격을 닮아갈 수 있는 엄청난 특권을 얻습니다. 마태복음 5장 3절을 다시 주목해 주시기 바랍니다.

"천국이 그들의 것임이요."

여기서 동사의 시제는 현재형입니다. 현재형은 지속적, 점진적, 발전적인 의미를 내포하고 있습니다. 구원받은 자는 절대 구원받은 것으로 만족하지 않습니다. 천국에 들어간 자는 결코 천국 문을 밟은 것으로 만족하지 않습니다. 천국이라는 나라를 상속받게 된 자는 심령이 가난해지는 것을 한 번의 이벤트로 여기지 않습니다.

따라서 기독교인의 삶이란 하나님의 은혜로 마음이 낮아진 자가 그분의 은혜를 지속적으로 힘입어 그리스도의 겸손의 세계로 점점 더 깊이 들어가는 낮아짐의 삶이라고 말할 수 있겠습니다.

종종 교회 리더와 자신의 교회는 어떤 교회가 되어야 할 것인가에 대해 대화를 나눕니다. 그런데 늘 예수님의 겸손한 인격을 닮은 교회가 되어야 한다는 결론에 이릅니다. 물론 영적 리더들이 먼저 그러한 사람이 되어야 하겠습니다. 저는 영적 지도자로서 한 가지 두려운 것이 있습니다. 저는 이를 건강한 두려움이라고 표현하고 싶습니다. 그것은 바로 우리 교회가 성경을 절대 가치로 여긴다고 말을 하면서, 되려 마음이 교만해지는 것입니다.

실제로 A.D. 90-96년경, 소아시아에 있던 라오디게아 교회가 그러했습니다. 하나님은 라오디게아 교회를 이렇게 평가하십니다. 새번역 성경 요한계시록 3장 17절 말씀입니다.

"너는 풍족하여 부족한 것이 조금도 없다고 하지만 실상 너는 네가 비참하고 불쌍하고 가난하고 눈이 멀고 벌거벗은 것을 알지 못한다"

존 스토트 목사의 말을 빌리자면, 라오디게아 교회는 그의 모든 기독교적 신앙에도 불구하고 전혀 기독교적이지 않았습니다. 되려 자기만족에 빠진 피상적인 교회로, 영적인 눈이 멀고 영적으로 벌거 벗은 거지들로 구성되어 있었습니다. 그렇게 예수님의 이름을 모욕 하는 자리에 서 있었습니다.

예수님을 닮아간다는 것은 어떤 의미입니까? 세례요한은 말합니 다.

"그는 흥하여야 하겠고 나는 쇠하여야 하리라"(요 3:30).

이러한 고백이 우리 인격이 되며, 삶이 되는 것이 아닐까요? '주님 저는 가진 게 없습니다. 스스로 아무것도 할 수 없는 어린아이와 같 습니다. 고로, 당신의 은혜 없이는 하루를, 한 시간을, 단 일분일초도 살 수 없습니다. 공기가 없으면 제 목숨이 단절되듯이 당신의 도움 이 없으면 저는 한순간도 제대로 살 수 없는 존재입니다. 제발 저를 도우소서.'

따라서 우리는 무엇을 해야 합니까? 심령이 가난해지기 위해서 무엇을 해야 하나요? 주님은 말씀하십니다.

"구하라 그리하면 너희에게 주실 것이요 찾으라 그리하면 찾아낼 것이요 문을 두드리라 그리하면 너희에게 열릴 것이니. 구하는 이마다 받을 것이요 찾는 이는 찾아낼 것이요 두드리는 이에게는 열릴 것이니라"(마 7:7-8).

상한 마음을 간절히 구하는 자에게 아버지께서는 아들 그리스도를 선물로 주실 것입니다. 궁핍을 사모하십시오. 당신이 가난해질수록, 그리스도는 당신의 만족이 되실 것입니다. 십자가의 사랑이 당신의 마음을 풍요롭게 할 것입니다.

3.

애통하는 자

애통하는 자는 복이 있나니 그들이 위로를 받을 것임이요(마 5:4)

대조를 이루는 한 쌍의 단어가 있습니다. 빛과 어둠, 따뜻함과 차가움, 성공과 실패, 축복과 저주, 대체로 한쪽은 긍정적인 의미인데 반해 다른 한쪽은 부정적인 의미입니다.

저는 당신에게 또 하나의 쌍을 이루는 두 단어를 소개해 드리려고 합니다. 그것은 바로 '슬픔과 기쁨'입니다. 질문을 하나 드리겠습니다. 당신은 슬픔을 좋아하십니까? 아니면, 기쁨을 좋아하십니까? 만약 누군가가 "저는 기쁨보다 슬픔을 훨씬 더 좋아합니다"라고 한다면, 대부분의 사람은 의아해할 것입니다.

하지만 예수님은 상식을 벗어난 말씀을 하십니다. 슬퍼하는 자야 말로 행복한 자라고 말씀하시기 때문입니다. 주의 말씀은 세상 사람들에게 매우 비논리적으로 보입니다. 어떤 사람은 조롱까지 할 것입니다. "슬퍼하는 자가 어떻게 행복한 자인가?" 그럼에도 불구하고 예수님은 분명하게 말씀하십니다.

"애통하는 자는 복이 있나니 그들이 위로를 받을 것임이요"(마 5:4).

산상수훈에 대한 몇 가지 오해

이 말씀을 살피기 전에 산상수훈에 대한 몇 가지 오해를 소개해 드리려고 합니다. 첫째 오해는 예수님의 가르침이 어떤 특정 계층에게만 적용된다고 생각하는 것입니다. 예를 들어 예수님과 함께했던 열두 제자들처럼, 자신의 생업을 포기하고 주를 열심히 따르고자 하는 자들, 혹은 믿음이 강하고 성숙한 자들에게만 산상수훈이 적용된다는 것입니다.

둘째 오해는 그리스도의 설교는 미래에 일어날 사건이기 때문에 현재 우리 삶에는 적용이 되지 않는다고 생각하는 것입니다. 말하자면 산상수훈은 오직 종말론적인 시각에서만 해석해야 한다는 입장입니다. 건강하지 못한 극단적 종말론을 따르는 분들이 종종 이러한 견해를 지지합니다.

마지막은 팔복 각각의 인격적 성품은 개별적인 복이라서 누군가에게 어떤 것은 있고 어떤 것은 없을 수도 있다는 오해입니다. 다시 말해 어떤 그리스도인은 심령이 가난하기만 하고, 어떤 그리스도인은 애통하기만 하며, 어떤 그리스도인은 온유하기만 할 수 있다는 것입니다.

그러나 예수께서 가르치시는 팔복은 그리스도인 한 사람의 성품을 다양한 측면으로 설명한 것입니다. 게다가 팔복은 서로 긴밀하게 연결되어 있습니다. 그 안에 논리적인 순서가 있습니다. 애통하기 이전에 무엇이 있어야 합니까? 심령의 가난함이 있어야 합니다. 그래서 자기 죄에 애통하는 자가 진실되게 온유할 수 있고, 온유한 자가 그리스도의 의로움에 목마를 수 있습니다. 즉 팔복은 한 사람 안에서 발견되는 다양한 영적 기질입니다. 각 열매의 크기는 다를 수는 있지만, 어떤 열매가 부재할 수는 없습니다.

애통이 행복의 조건이 되는 이유

다시 본문으로 돌아가겠습니다. 예수님은 애통해 하는 자가 행복한 사람이라고 말씀하십니다. 어떻게 애통이 행복의 조건이 될 수 있을까요? 괴로움을 주체하지 못하며 슬퍼하는 마음을 흔히 애통이라 하지 않습니까? 그런데 어떻게 이 고통이 참된 행복의 조건이 될 수 있단 말인가요? 세상은 이러한 사람을 불행하다고 하는데 말입니다.

슬픔은 인간의 동반자

어떤 면에서 슬픔을 불행이라고 말하는 것은 틀리지 않아 보입니다. 결핍, 상실, 고독 이러한 것들이 슬픔의 주요 원인이지 않습니까? 항상 내 곁에 있을 것만 같았던 친한 사람과 갑자기 이별합니다. 예상치 못한 순간에 부모님과 작별을 합니다. 교통사고나 병으로 사랑하는 배우자를 잃습니다. 그때 우리 가슴은 반사적인 통증을 경험하게 됩니다. 정신적인 고통이 뒤따라 옵니다. 동시에 우리 눈에는 슬픔의 눈물이 맺힙니다. 누군가는 크게 절망하여 바닥을 내리치며 통곡을 합니다.

회당장 야이로의 딸이 죽게 되었을 때, 사람들이 이와 같은 반응을 보였습니다. 물론 잠시 후 예수께서 그녀를 살려 주시지만, 사람들은 죽은 것으로 보이는 어린 소녀를 향해 눈물로 애도합니다.

"회당장의 집에 함께 가사 떠드는 것과 사람들이 울며 심히 통곡함을 보시고"(막 5:38).

엘가나에게는 두 아내 브닌나와 한나가 있었습니다. 브닌나는 아들이 있었고, 한나는 아들이 없었습니다. 엘가나는 한나를 더 사랑했습니다. 그러한 한나를 브닌나는 매우 못살게 굴었습니다. 성경은 브닌나가 한나를 심히 격분하게 했다고 말합니다. 아들이 없는 결핍 때문에 심히 괴로워하던 한나에 대해 성경은 이렇게 기록합니다.

"한나가 마음이 괴로워서 여호와께 기도하고 통곡하며 서원하며 이르되. 만군의 여호와여 만일 주의 여종의 고통을 돌보시고 나를 기억하사 주의 여종을 잊지 아니하시고 주의 여종에게 아들을 주시면 내가 그의 평생에 그를 여호와께 드리고 삭도를 그의 머리에 대지 아니하겠나이다"(삼상 1:10-11).

눈물의 간구를 통해 태어난 아기가 바로 사무엘입니다.

에베소 장로들은 어떠했습니까? 그들은 바울과 이별하는 상황 속에서 진한 눈물을 훔칩니다. 이는 더 이상 사랑하는 지도자를 볼 수 없을지도 모른다는 상실감의 표현이었습니다. 매우 인간적이고 자연스러운 반응입니다.

"범사에 여러분에게 모본을 보여준 바와 같이 수고하여 약한 사람들을 돕고 또 주 예수께서 친히 말씀하신 바 주는 것이 받는 것보다 복이 있다 하심을 기억하여야 할지니라 이 말을 한 후 무릎을 꿇고 그 모든 사람들과 함께 기도하니 다 크게 울며 바울의 목을 안고 입을 맞추고 다시 그 얼굴을 보지 못하리라 한 말로 말미암아 더욱 근심하고 배에까지 그를 전송하니라"(행 20:35-38).

이처럼 슬픔은 인간의 동반자인 듯합니다. 또한 눈물은 인간의 불행을 알리는 신호탄처럼 보입니다. 태어날 때부터 죽을 때까지 눈물이 마를 날이 없는 것이 인생입니다. 상실과 고독과 결핍에서 도저히 벗어날 수 없는 가련한 인생의 현주소를 눈물이 증명해 주고 있습니다.

예수님이 말씀하시는 애통

하지만 예수님이 선포하시는 '애통'은 사람이 일반적으로 느끼는 슬픔과 다릅니다. 주께서 사용하신 헬라어 단어 '펜테오'는 사람이 경험할 수 있는 것 중에서 가장 처절한 애통을 의미합니다. 즉 펜테오의 애통은 인간의 내면 저 깊은 곳에서 울려 퍼지는 영적인 비통함입니다. 외부적 환경 때문이 아니라, 자신의 부패한 내면을 보게 된 자에게서 나오는 영적 절규를 뜻합니다.

사람이 가장 마주하기를 꺼리는 것이 무엇일까요? 저는 자기 마음의 실체라고 생각합니다. 마치 범죄자가 경찰에 잡히지 않으려고 이리저리 도망을 치다가 결국 붙잡히는 것과 같이, 자기 내면 보기를 외면하다가 더는 외면할 수 없게 된 자, 그러한 자의 처절한 울부짖음이 펜테오의 애통입니다.

논리적 순서는 이렇습니다. 성령께서 죄인을 거듭나게 하십니다. 그때 그는 자신의 전적 타락과 불의함을 깨닫습니다. 자기 성취와 자기만족이 허상일 뿐임을 깨달은 자는 영적인 파산 신청을 하게 됩니다. 무능력한 자신으로부터 돌이켜, 주권자에게 살려달라고 애원을 합니다. 의존의 대상은 오직 하나님뿐임을 자각하면서 주께 매달립니다. 자격이 전혀 없지만, 영적 거지인 자신에게 자비를 베풀어 달라고 낮은 마음의 간청을 합니다.

이처럼 성령님은 교만한 자를 상한 심령이 되게 하십니다. 채우시기 위해 비우는 작업을 먼저 하십니다. 채우시는 첫 번째 과정으로 가슴속 깊은 곳으로부터 탄식이 일어나게 하십니다. 비통함을 느끼게 하십니다. 아파하게 하십니다. 무엇을 아파하게 하십니까? 그것은 다름 아닌 '자신의 죄악'입니다.

하나님을 의존하기로 마음먹은 사람, 하나님의 영광을 바라보는 사람, 하나님의 속성을 이해하는 사람, 그래서 자기 내면을 솔직하게 바라보는 사람, 이들의 공통된 특징이 무엇입니까? 이들은 '자기 죄'에 대해 애통해 합니다.

자기 죄에 대해 애통하지 않는 근본적인 원인은 마음이 가난하지 않기 때문입니다. 만약 영적인 가난함을 극도로 싫어한다면, 이는 곧 천국이 그들의 것이 아니라는 뜻으로 해석할 수 있습니다. 또한 마음을 연하게 만드시는 성령님의 역사가 그 속에 일어나지 않았다는 방증일 것입니다.

고린도전서 2장 14절은 육에 속한 사람은 성령의 일들을 받지 않는다고 말합니다. 이유는 그에게는 그것들이 어리석게 보이기 때문입니다. 성령께서 역사하지 않는 사람은 영적인 세계를 전혀 느낄 수 없습니다. 성령의 일에 무감각합니다. 영적 무감각은 죄에 대한 무감각입니다. 그래서 자기 내면의 죄를 바라볼 수 없을 뿐만 아니라 이에 대해 슬퍼할 줄도 모릅니다. 그저 피상적인 죄의 목록에만 관심을 둘 뿐입니다. 참된 죄가 무엇인지 알지 못하기 때문입니다.

한편 이기적인 애통도 있습니다. 대표적인 예는 가룟 유다입니다. 은 30냥, 지금 돈으로 약 만 달러 정도의 가치입니다. 유다는 탐욕에 눈이 멀어 버렸습니다. 주님보다 돈을 더 사랑했습니다. 세속적 욕심에 마음을 빼앗겨 버렸습니다. 그래서 돈으로 환산할 수 없는 그리스도의 목숨을 종교 지도자들에게 팔아넘겼습니다.

뒤늦게 그는 후회합니다. 자책합니다. 마태복음 27장 3절은 "스스로 뉘우쳤다"라고 기록합니다. 하지만 그는 후회와 자책을 했을 뿐이지 참된 회개는 하지 않았습니다. 그는 끝까지 자기만을 생각하는 이기적인 비탄에 빠져 있다가 결국 자살을 선택합니다.

거짓된 애통

거짓된 애통도 있습니다. 예수께서 비판하셨던 종교주의자들이 이에 해당이 됩니다. 갈라디아서는 믿음만이 아니라 할례를 받아야만 구원에 이를 수 있다고 가르쳤던 거짓 형제들을 기록합니다. 유대주의자 무리는 진리를 알고도 진리의 빛으로 자기 내면을 비추기는 거부했습니다. 육신적인 할례를 받아야 언약 백성이 될 수 있다고 주장했으나, 정작 하나님이 원하시는 마음의 할례는 거부했습니다.

오늘날 교회 안에 이러한 사람들이 넘쳐납니다. 마음의 할례가 아닌, 형식적인 할례, 곧 종교생활을 자기 구원의 방도로 여기는 사람들이 많습니다. 매우 안타깝습니다. 이러한 자들의 상태는 참으로 비참합니다. 겸손을 가장한 위선적 슬픔으로 자신을 치장합니다. 남에게 보이려는 거짓된 경건으로 자기 위상을 드높이려 애씁니다. 하지만 예수님은 그들의 종교적 위선을 미워하십니다.

> "금식할 때에 너희는 외식하는 자들과 같이 슬픈 기색을 보이지 말
> 라 그들은 금식하는 것을 사람에게 보이려고 얼굴을 흉하게 하느니
> 라 내가 진실로 너희에게 이르노니 그들은 자기 상을 이미 받았느니
> 라"(마 6:16).

사람은 누구나 자기 눈물을 이용할 수 있습니다. 자기 기만, 곧 스스로를 속일 수도 있습니다. 거짓 애통이라는 가면으로 자기 얼굴을 가리면서도, 정작 본인은 가면을 쓰고 있는 줄 모르는 때도 있습니다. 그러나 예수께서는 그러한 자는 이미 자기 상을 받았다고 하십니다. 사람에게 찬사를 받으려고 노력하는 자는 정작 하나님께 은혜의 상을 받지 못합니다. 이미 자기 스스로 상을 수여했기 때문입니다.

거짓 슬픔에 빠진 사람은 속으로 말합니다. '이 눈물은 나를 돋보이게 하는 도구야. 사람들은 나를 신앙심이 대단한 사람으로 생각할 거야. 나를 칭송할 거야. 나의 가련한 얼굴과 비통에 찬 고백은 나를 경건한 사람처럼 보이게 만들 거야.'

하지만 예수님은 이러한 자를 위선자라고 부르십니다. 칭찬받기 위해 눈물을 흘리는 자는 이미 자기 상을 받았습니다. 외식적인 가

련함은 하나님을 향한 참회가 아닙니다. 그 중심에는 사람에게 보이려는 교만함이 자리를 잡고 있을 뿐입니다. 하나님은 우리의 외면이 아닌 중심을 보십니다. 산상수훈의 주권자는 사람의 내면에 집중하십니다. 성령님은 우리의 속사람에 관심이 있으십니다.

참된 애통

그렇다면 참된 애통은 도대체 무엇입니까? 우선순위가 바로 선 애통입니다. 먼저 자기 내면의 문제를 놓고 아파하는 자야말로 복을 받기에 합당한 자입니다. 그리스도를 닮아간다는 것은 자기에게 더 솔직한 사람이 되는 것입니다. 자기 마음에 솔직한 사람일수록, 그리스도 의존하기를 열망합니다. 자기 죄를 바라보며, '어찌할꼬, 어찌할꼬, 난 정말 부정한 사람이구나' 하고 통곡할 줄 아는 사람이 십자가의 은혜를 풍성히 받아 누릴 수 있습니다.

저는 한때 영적 성숙을 잘못 이해했던 적이 있습니다. 믿음이 강할수록, 내적 갈등과 고통은 연기처럼 사라질 것으로 착각했습니다. 믿음의 사람은 항상 마음에 갈등이 없어서 매사에 진취적이고, 담대해야 한다고 생각했습니다. 심히 고뇌하고 아파하고 슬퍼하는 그리스도인을 보면, '아~ 부족하다, 부족하다, 믿음이 너무도 부족하다'

라고 생각했습니다. 더 나아가서 그들을 마음으로 정죄했습니다. 그러면서 나는 이들보다 믿음이 좋다고 자부했습니다.

약 10년 전 아내와 연애할 때입니다. 저는 아내에게 저의 이러한 모습을 가감 없이 보였습니다. "혜진아, 믿음의 사람은 문제가 전혀 없어야 해. 그래서 난 매사에 문제가 없단다. 내적 갈등이 별로 없단다. 왜인 줄 아니? 믿음의 사람이니까. 혜진아, 고민하지 마. 그냥 담대하게 밀어붙여. 우린 믿음의 사람이니까. 같이 미국에 가자. 우린 할 수 있어. 믿음의 사람이니까." 그렇게 해서 실제 미국에 오게 되었습니다.

물론 하나님은 선하셔서 어리숙한 저를 인내와 자비로 인도해 주셨습니다. 그래서 지금 강단에서 말씀을 전하는 설교자가 될 수 있었습니다. 그런데 고백할 수 있는 것은, 과거에 저는 죄에 대해 그리 민감하지 않은 사람이었습니다. 그래서 나 자신의 내면을 잘 돌아보지 않은 채, 남은 정죄하고 저를 높이는 오만한 자리에 앉기를 기뻐했습니다. 물론 지금도 이러한 죄의 습성이 제 안에 남아 있습니다. 계속 싸우는 중입니다. 하지만 감사한 것은, 예전보다는 죄에 대한 민감성이 커졌다는 것입니다. 성령께서 말씀을 조명해 주셔서 제 내면의 실체를 보게 해 주시기 때문입니다. 죄를 직시하게 하심으로 되려 십자가 복음을 붙잡게 하는 은혜의 주님께 영광과 찬송을 올려 드립니다.

바울이 보여준 애통의 모습

지금 우리는 참된 애통이 무엇인지를 살펴보고 있습니다. 바울을 한번 생각해 봅시다. 역사상 바울만큼이나 그리스도를 닮은 사람이 또 있었을까요? 그는 신약 성경을 열세 권이나 썼습니다. 아시아와 유럽 전역에 복음을 전파했습니다. 죽을 고비를 한두 번 넘긴 것이 아닙니다. 배고프고, 헐벗고, 매 맞고, 모욕당하기를 반복하는 삶을 살았습니다. 감옥에 몇 번이나 구금되었습니다. 억울한 옥살이를 했습니다. 마지막에는 순교를 당했습니다.

하지만 우리는 그의 외적인 업적에만 집중해서는 안 됩니다. "내게 사는 것이 그리스도니 죽는 것도 유익함이라"(빌 1:21) 고백했던 바울, 항상 예수님과 함께 하기를 갈망했던 바울, 그의 내적 전투에 시선을 돌려 봅시다.

바울이 구원받은 지 약 25년이 지났습니다. 3차 전도 여행이 끝나갈 무렵이었습니다. 신앙적으로 매우 성숙한 단계에 있던 바울의 고백을 당신의 가슴으로 느껴 보시기를 바랍니다. 그는 말합니다.

"내 속 곧 내 육신에 선한 것이 거하지 아니하는 줄을 아노니 원함은 내게 있으나 선을 행하는 것은 없노라"(롬 7:18).

그리스도와 가장 가까이 있던 자의 진실한 고백입니다. "내 속에 선한 게 하나도 없다. 더욱이 선을 행할 능력도 전혀 없다."

그래서 그는 그다음, 어떤 탄식을 합니까?

> "오호라 나는 곤고한 사람이로다 이 사망의 몸에서 누가 나를 건져 내랴"(롬 7:24).

바울은 자기 속에서 생명을 전혀 발견하지 못합니다. 되려 사망을 발견합니다. 사망은 바울의 것입니다. 그의 죄악이 잉태한 작품이기 때문입니다. 신앙의 절정기에 있던, 바울의 고백입니다. '내가 만들어 내는 것은 생명이 아니라, 사망뿐이로구나.' 하지만 그는 사망을 이길 힘이 전혀 없습니다. 그래서 자기가 잉태한 사망을 바라보며 절규합니다. 아파합니다. 슬퍼합니다. 애통해 합니다.

당신은 어떠십니까? '오호라, 나는 절망스러운 자이구나'라는 탄식을 해보신 적이 있으십니까? 진실로 아파해 보신 적이 있으십니까? 외부에서 들려오는 슬픈 소식이나, 어떤 안타까운 비보 때문이 아니라, 당신의 죄 때문에 눈물을 흘려 보신 적이 있으십니까? 저는 바울의 고백이 저와 당신의 고백이 되었으면 좋겠습니다. 성령께서 지금 당신의 마음을 여셔서, '오호라 나는 곤고한 자로다. 이 사망의 육신으로부터 누가 나를 해방하리오'의 탄식이 당신의 가슴에서 터져 나오도록 해주시기를 간절히 바랍니다.

자신의 죄 때문에 애통해야 할 이유

자신의 죄 때문에 애통해야 할 이유는 무엇입니까? 그럴 때마다 참된 위로를 뜨겁게 경험할 수 있기 때문입니다. 그리스도인은 절망의 자리에 머물러 있는 자가 아닙니다. 절망의 자리에서 되려 소망을 발견하는 자입니다. 어둠 속에서 빛을 보는 자입니다. 곧 사망을 이기시고 부활의 승리를 외치신 예수님을 통해 영생의 기쁨을 누리는 자입니다.

그러므로 참된 그리스도인은 '이 사망의 몸에서 누가 나를 건져내랴'의 자리에 머물러 있거나 주저앉아 있지 않습니다. '우리 주 예수 그리스도로 말미암아 하나님께 감사하리로다'라는 고백을 신실하게 주께 올려 드리는 자가 참된 그리스도인입니다.

애통의 결과

지금부터 애통의 결과를 살펴보겠습니다.

"애통하는 자는 복이 있나니 그들이 위로를 받을 것임이요"(마 5:4).

애통하는 자가 되려 기뻐할 수 있는 이유는, 예수께서 눈물을 흘리는 자의 위로가 되어 주시기 때문입니다.

당신은 마리아와 마르다의 오빠 나사로를 잘 알고 계실 것입니다. 그는 병에 걸렸습니다. 결국 죽었습니다. 사람들은 웁니다. 마르다도 웁니다. 마리아도 웁니다. 슬피 웁니다. 그때 예수님도 같이 우십니다.

> "예수께서 그가 우는 것과 또 함께 온 유대인들이 우는 것을 보시고 심령에 비통히 여기시고 불쌍히 여기사 이르시되 그를 어디 두었느냐 이르되 주여 와서 보옵소서 하니 예수께서 눈물을 흘리시더라"
> (요 11:33-35).

그런데 주님의 눈물은 그들의 눈물과 전혀 달랐습니다. 그 직전에 예수님은 말씀하셨습니다.

> "나는 부활이요 생명이니 나를 믿는 자는 죽어도 살겠고 무릇 살아서 나를 믿는 자는 영원히 죽지 아니하리니 이것을 네가 믿느냐"(요 11:25-26).

예수님은 이미 이들에게 복음의 진리를 선포하셨습니다. 여기서 무엇을 알 수 있을까요? 예수님의 탄식은 나사로의 일시적인 상실 때문이 아니었습니다. 죄로 인해 지옥 불에 들어갈 수밖에 없는 비참한 인생의 영원한 상실 때문이었습니다. 예수님은 사람들의 불신앙 때문에 눈물을 흘리셨습니다. 생명의 주인이 지금 옆에 있는데도, 죽음에서 영생의 소망을 발견하지 못하는 그들의 영적 우매함에 애통하셨습니다. 불신으로 말미암아 사망으로 달려가는 자들을 바라보며 슬퍼하셨습니다.

예수님은 진정 '복 있는 사람'이십니다. 죄인을 보며 슬퍼하셨기 때문입니다. 성경에는 예수님이 웃으셨다는 기록이 없습니다. 슬퍼하셨다는 기록뿐입니다. 주님은 우리의 진짜 문제를 알고 계셨습니다. 그분은 우리를 대신해서 우리 죄를 직시하는 삶을 사셨습니다. 그래서 슬퍼하셨습니다.

하지만 예수님은 애통의 자리에만 머물러 있지 않으셨습니다. 그분은 죄인을 대신해서 십자가를 지셨습니다. 죄인의 애통을 위로로 바꾸시기 위해 십자가 대속의 현장 속으로 자기 전부를 밀어 넣으셨습니다. 죄인의 모든 애통을 끌어안고, 십자가에 모든 눈물을 못 박으셨습니다. 그래서 그리스도의 십자가는 '위로의 십자가'입니다.

본문에 나오는 "위로를 받는다"의 헬라어 단어는 "파라클레오"입니다. 그런데 이 단어의 명사형은 헬라어 "파라클레토스"입니다. 우리가 잘 아는 보혜사, 위로자, 변호인이라는 뜻입니다.

사도 요한은 말합니다.

"나의 자녀들아 내가 이것을 너희에게 씀은 너희로 죄를 범하지 않
게 하려 함이라. 만일 누가 죄를 범하여도 아버지 앞에서 대언자(파
라클레토스)가 있으니 곧 의로우신 예수 그리스도이시니라"(요일
2:1).

이 말씀이 당신의 위로입니다.

왜 애통이 복입니까? 왜 애통하는 자가 기뻐할 수 있습니까? 그
자는 결코 외롭지 않기 때문입니다. 내 편에 서서, 내 처지를 이해해
주시는 파라클레토스, 예수님이 항상 함께 하시기 때문입니다. 당신
이 죄 때문에 아파할 때, 예수님도 같이 아파하십니다. 당신이 죄로
신음할 때, 예수님도 같이 고통스러워하십니다. 하지만 예수님은 항
상 소망의 복음으로 당신을 위로하십니다.

그래서 주님은 "수고하고 무거운 짐 진 자들아 다 내게로 오라 내
가 너희를 쉬게 하리라"고 하십니다(마 11:28). 부활이요 생명이신 예
수님께서 나에게 와서 안식을 누리라고 하십니다. "내가 너의 고통
을 다 안다. 세상이 줄 수 없는 위로를 나에게서 얻으라"고 말씀하십
니다.

이제 말씀을 정리합니다. 사람이 직면할 수 있는 최고의 환난은 아마도 자기 자신을 마주하는 것이 아닐까 합니다. 그러나 십자가 위로가 있기 때문에 그 환난마저도 달게 느껴집니다. 예수께서 당신을 대신하여 울어 주시기 때문입니다.

안타깝게도 당신의 눈물은 죽을 때까지 마르지 않을 것입니다. 하지만 결국은, 마를 것입니다. 마지막 날에, 하나님이 당신의 모든 눈물을 닦아 주실 것이기 때문입니다. 요한계시록 21장 3-4절을 같이 읽고 마치겠습니다.

> "내가 들으니 보좌에서 큰 음성이 나서 이르되 보라 하나님의 장막이 사람들과 함께 있으매 하나님이 그들과 함께 계시리니 그들은 하나님의 백성이 되고 하나님은 친히 그들과 함께 계셔서, 모든 눈물을 그 눈에서 닦아 주시니 다시는 사망이 없고 애통하는 것이나 곡하는 것이나 아픈 것이 다시 있지 아니하리니 처음 것들이 다 지나갔음이러라"(계 21:3-4).

4.

온유한 자

온유한 자는 복이 있나니 그들이 땅을 기업으로 받을 것임이요(마 5:5)

우리는 앞서 세 번에 걸쳐 산상수훈에 대한 전반적인 개관과 상한 심령, 그리고 애통의 복에 대해 살펴보았습니다. 먼저 예수님은 두 가지 목적을 가지고 이 설교를 하셨다고 말씀드렸습니다. 첫 번째는 구원받은 백성이 구원에 합당한 인격과 삶을 살게 하기 위해서였고, 두 번째는 아직 구원받지 않는 불신자를 구원으로 초대하기 위해서 였습니다.

이러한 산상수훈의 팔복을 이해하기 위해서는 이 주제를 마음에 품고 계셔야 합니다. 그것은 바로 '관계의 변화'입니다.

구원받은 자의 변화

구원받은 사람은 관계가 변합니다. 먼저는 하나님과의 관계가 달라집니다. 이를 수직적 관계 변화라고 말씀드리고 싶습니다.

기독교 은혜는 죄인의 마음을 먼저 가난하게 만듭니다. 하나님께 드릴 것이 아무것도 없는 자는 자기 죄에 대해 눈물 흘리며 아파합니다. 그런데 예수께서는 이러한 사람이 천국을 소유한 자이며, 하늘의 참된 위로가 그를 다시 일으켜 세운다고 하십니다. 이 같은 죄인의 내적 변화는 하나님과의 관계가 달라졌음을 보여주는 영적 증거입니다. 아버지의 자녀로 입양되었기 때문에 전에 없던 거룩에 대한 갈망이 생깁니다. 경건에 대한 열정이 생깁니다. 빛의 소망이 가슴을 뒤덮어 선한 동기가 생기고 의지가 뒤따릅니다.

이러한 수직적 관계의 변화는 곧 수평적 관계의 변화로 이어집니다. 다섯 번째 복을 보시기를 바랍니다. 긍휼히 여기는 자가 복이 있다고 하십니다. 하나님의 자비의 옷을 걸치게 된 자들은 다른 이에게도 그 옷을 선물로 주고자 합니다. 일곱 번째 복을 보시기를 바랍니다. 화평하게 하는 자는 복이 있다고 하십니다. 다섯 번째 복과 일곱 번째 복의 다른 이름은 이웃을 향한 이타적 사랑입니다.

"그러므로 우리가 믿음으로 의롭다 하심을 받았으니 우리 주 예수 그리스도로 말미암아 하나님과 화평을 누리자"(롬 5:1).

그리스도로 말미암아 아버지와 화평을 누리게 된 사람은 평화의 복음을 남에게 흘려보내는 자리로 자기 발걸음을 조금씩 옮깁니다. 부모님, 남편, 아내, 자녀, 친구와 맺었던 지난날의 관계를 십자가에 못 박고, 새로운 지식과 신념과 인격을 가지고 그들에게 다가갑니다. 화평의 도구로 쓰임 받기를 기뻐하며, 이 놀라운 사역을 가능케 하신 예수께 감사의 찬양을 올려드립니다.

온유한 자

이제 세 번째 복을 살펴보겠습니다. 마태복음 5장 5절 말씀입니다.

"온유한 자는 복이 있나니 그들이 땅을 기업으로 받을 것임이요"

온유는 수직적 관계 회복과 수평적 관계의 변화가 한데 잘 어우러져 있는 복된 성품이라고 말씀드릴 수 있습니다. 과거 구원받기 전, 우리 마음은 아주 굳어 있었습니다. 매우 딱딱했습니다. 하지만 성령께서 죄인의 마음을 주관하신 후부터 그의 속사람이 연해지기 시작합니다. 마치 단단한 돌이 부드러운 삶은 감자가 되듯이, 전혀 다른 성질의 것이 되어 버립니다. 하나님을 향한 적대심은 순종의 심령으로 바뀌고, 주권자를 향한 순종의 마음은 이웃을 향한 따뜻한 애정으로 발전합니다. 그래서 '온유의 성품'은 수직적, 수평적 관계의 변화가 만들어낸 최고의 작품입니다.

온유라는 단어를 살펴봅시다. 온유는 친절과 혼용되는 단어입니다. 부드럽고 상냥하며, 온화하고 따뜻한 성품을 의미합니다. 하지만 산상수훈의 모든 복은 항상 내적인 부분에 먼저 초점이 맞추어져 있다는 것을 생각해 볼 때, 성경적 온유와 사람들이 흔히 생각하는 온유가 서로 다르다는 것을 짐작해 봅니다.

온유, "프라우스"라는 헬라어 단어의 사전적 의미는 이렇습니다. "자기 자신감에 도취해서 감동을 하지 않는"이라는 뜻입니다. 즉, 자기의 명철과 능력과 인격을 보면서 스스로 감동의 눈물을 흘리지 않는 사람이어야 온유할 수 있습니다. 바꿔 말하면, 스스로 중요하다고 생각하는 자일수록 프라우스의 성품을 갖기 어렵습니다.

바리새인과 세리에 대한 비유를 한번 떠올려 봅니다. 누가복음 18장 9-14절에 기록된 바리새인을 기억하십니까? 그는 자기 영광을 칭송하기 위해 기도를 악용합니다. 하나님이 아닌, 자기 자신에게 기도합니다. 그러면서 그의 입술은 하나님을 외칩니다.

'하나님, 저 좀 보세요. 저의 위대함을 한번 보세요. 저의 자격 됨과 가치 있음을 한번 느껴보세요. 반면, 저 세리를 보십시오. 저 죄인은 하나님께 내세울 게 아무것도 없지만, 의로운 저는 드릴 게 너무도 많답니다. 저 악인은 착취자이자 불의한 자이지 않습니까? 저는 다르답니다. 이제 말씀드릴게요. 하나님 놀라실 준비하세요. 저는요, 일주일에 두 번씩 금식을 합니다. 공식적으로 일 년에 한 번만 해도 되지만, 저는 거룩하기 때문에 그렇게 합니다. 가련하게 울며, 애처로운 얼굴을 보이며 금식을 합니다. 심지어 하나님이 명령하지 않으신 물품들마저도 소득으로 삼아서 십일조를 바칩니다. 남들보다 훨씬 더 많은 헌금을 바칩니다. 저를 보세요. 저, 대단하지 않습니까! 저는 하나님이 보시기에 참으로 의로운 존재가 맞습니다.'

우리는 온유에 대한 개념을 다시 정립할 필요가 있습니다. 예수님은 누가복음 18장에 나오는 바리새인에게서 부드러운 심령을 발견하지 못하십니다. 자기 지혜와 능력에 큰 감명을 받아서 심지어 눈물을 흘리기까지 하는 사람에게서 친절한 태도를 기대하지 않으십니다. 산상수훈이 말하는 온유한 성품으로부터 흘러나오는 부드러움과 상냥함은 자신이 남에게 무언가를 줄 수 있다고 생각하는 자에게서 나올 수 있는 종류의 것이 아닙니다. 반대입니다. 자신감을 스스로에게서 찾지 않는 사람이 되려 온유할 수 있다고 예수님은 가르치고 계십니다.

논리적 순서

다시 산상수훈의 논리적 순서를 살펴봅시다. 죄인의 마음속에 가장 먼저 일어나는 영적 사건이 무엇입니까? '심령의 상함'입니다. '빚진 자의 마음'입니다. '영적 파산'입니다. 그래서 자기 죄와 죗값에 대해 애통하지 아니할 수 없습니다. 성령은 죄와 죗값을 깨닫게 하실 뿐만 아니라, 죄를 해결할 수 없는 불능자로서 우리 존재를 자각하게 하십니다.

하지만 기독교의 신비가 이때 일어납니다. 보이지 않던 그리스도가 보입니다. 천국의 주인으로서의 예수님이 보입니다. 자기 죄를 대신 지신 주권자의 희생적 사랑이 보입니다. 십자가의 긍휼이 깊은 감동으로 다가옵니다. 전능자의 손길이 너무도 따뜻하여 슬픔이 기쁨으로 변하는 은혜를 경험합니다.

자기 죄 때문에 절망에 빠져있던 심령은 변화를 받습니다. 그래서 죄로 주저앉아 더는 움직이지 못할 것만 같았던 뼈와 관절과 골수에게 천국 희망을 노래합니다. 움츠러들었던 어깨와 팔과 다리는 다시 펴지고, 성령의 능력을 힘입어 다시 일어섭니다. 육신의 눈은 믿음의 관점으로 세상을 새롭게 보기 시작합니다. 바깥세상은 전혀 변한 것이 없습니다. 하지만 달라진 내면은 세상을 다르게 이해하고 해석하기 시작합니다.

그다음에 일어나는 내적 변화가 바로 온유입니다. 그래서 온유의 성품은 자연인과 완전히 무관합니다. 먼저 옛 건물이 부서져야만 비로소 새 터를 놓을 수 있듯이, 마치 한 알의 씨앗이 죽어야만 새싹이 돋듯이, 그리스도와 함께 죽고 다시 부활한 자에게서만 피어나는 하늘의 열매가 바로 온유입니다. 그래서 본인이 아무것도 아님을 인정하는 그리스도인이어야, 온유를 가질 수 있습니다. 자기의 연약함을 깨닫는 그리스도의 사람일수록, 친절할 수 있습니다. 하지만 온유하기란 말처럼 쉽지 않다는 것을 당신은 잘 아실 것입니다.

기독교인들에게 물어봅니다. "당신은 어떤 사람이 되고 싶으세요?" 많은 사람들이 "겸손하고 온유한 그리스도인이 되고 싶습니다"라고 대답합니다. 하지만 현실은 정반대로 흘러갈 때가 많습니다.

저 자신만 봐도 그렇습니다. 제 인격에 대해 눈을 번쩍 뜨게 해준 소중한 두 사건이 있습니다. 그것은 바로 결혼과 출산입니다. 아내를 통해 제 온유함의 수준을 알게 되었고, 자녀 양육을 통해 그 바닥을 보게 되었습니다. 특히 아내의 문제점을 지적하는 일은 쉽지만, 반대로 아내의 지적을 겸허하게 받아들이기란 어찌나 어려운지요.

종종 우리는 우리에 대한 하나님의 평가에는 관대하지만, 남의 평가에는 인색할 때가 있습니다. 말씀을 묵상할 때, 하나님의 기준에 미칠 수 없는 나의 무능력을 느끼며, '주여 저를 도우소서. 저에 대한 주님의 진단은 모두 옳습니다'라고 고백합니다. 하지만 어떤 형제나 자매가 자신에게 좋지 않은 평가를 한다면, 이내 마음을 닫고 그를 향해 공격 태세를 갖춥니다.

이와 관련하여, 마틴 로이드 존스 목사는 이렇게 말합니다. "나에게 정직할 때, 나는 내 속에서 나를 이끄는 죄와 악을 보게 됩니다. 나는 이 두 가지를 대면할 준비가 되어 있습니다. 하지만 다른 사람들이 나에 대하여 같은 말을 하도록 허용하는 것은 얼마나 더 어려운 일이겠습니까! 나는 그것에 본능적으로 분개합니다. 다른 사람이 우리를 정죄하도록 두는 것보다는 스스로 정죄하는 편을 택합니다. 나 자신은 내가 죄인이라고 말합니다. 하지만 본능적으로, 다른 사람이 나에게 죄인이라고 말하는 것은 좋아하지 않습니다."

온유는 자기방어를 내려놓는 것

그렇다면 온유란 도대체 무엇입니까? 마틴 로이드 존스 목사가 제안하는 것처럼, 첫째, 온유는 자기방어를 내려놓는 것입니다. 자기방어를 내려놓는다는 것은 자기를 가꾸고, 아끼며, 보호하는 일체의 행위를 하지 말아야 한다는 뜻이 아닙니다. 그것은 하나님 뜻이 아닙니다. 그리고 자기방어의 반대인 자기학대도 온유가 아닙니다.

자기방어를 내려놓는다는 것은 내 안에 지킬 것이 아무것도 없음을 인정하는 것을 의미합니다. 지킬 게 없는 사람은 되려 마음이 평안합니다. 지킬 재산이 전혀 없는 사람과 100억 혹은 1,000억의 재산이 있는 사람을 비교해 봅시다. 누가 더 염려가 많을까요?

지킬 것이 없는 사람일수록, 남의 평가에 휘둘리거나 자기방어에 힘을 쏟아붓지 않습니다. 온유는 참된 지혜자의 성품입니다. 지혜자는 절제된 힘을 가지고 있습니다. 그래서 힘을 적시 적소에 사용할 줄 압니다. 낭비하지 않고, 올바른 곳에 사용하려 노력합니다. 여기서 저는 두 사람을 언급하려고 합니다. 스데반과 바울입니다.

스데반은 목이 곧은 종교 지도자들에게 복음을 전했습니다. 유대주의자 무리는 마음이 찔렸지만 회개하기 보다 되려 이를 갈았습니다. 악한 분노를 표출했습니다. 스데반은 온유의 복음을 전했지만, 그들은 복수로 응징했습니다. 종교주의자들은 돌을 들어 스데반에게 던졌습니다. 율법의 정당한 처벌이 아닌 군중의 폭력이었습니다. 하지만 스데반은 성령이 충만하여 영광의 주를 바라보며 말합니다.

"주 예수여 내 영혼을 받으시옵소서"(행 7:59).

그리고 기도합니다.

"이 죄를 그들에게 돌리지 마옵소서"(행 7:60).

스데반은 죽는 순간까지 온유합니다.

그런데 그때 회심하기 전의 바울이 살인 현장에 있었습니다.

"사울은 그가 죽임 당함을 마땅히 여기더라"(행 8:1).

하지만 주의 은혜는 죄인 중의 괴수였던 바울 같은 자에게도 임했습니다. 스데반 사건이 있은 지 얼마 되지 않아 바울이 회심했기 때문입니다.

갈라디아서를 보시면, 바울은 사도권과 복음의 출처를 반복적으로 피력합니다.

"사람들에게서 난 것도 아니요 사람으로 말미암은 것도 아니요 오직 예수 그리스도와 그를 죽은 자 가운데서 살리신 하나님 아버지로 말미암아 사도 된 바울은"(갈 1:1).

"형제들아 내가 너희에게 알게 하노니 내가 전한 복음은 사람의 뜻을 따라 된 것이 아니니라. 이는 내가 사람에게서 받은 것도 아니요 배운 것도 아니요 오직 예수 그리스도의 계시로 말미암은 것이라" (갈 1:11-12).

"그들에게(거짓 형제들에게) 우리가 한시도 복종하지 아니하였으니 이는 복음의 진리가 항상 너희 가운데 있게 하려 함이라"(갈 2:5).

갈라디아서는 스데반 사건이 있은지 약 17년 후에 쓰인 서신입니다. 바울은 변했습니다. 달라진 그를 보십시오. 자기주장이 헛되었다는 것을 그는 깨달았습니다. 자기방어가 그리스도의 영광을 가린다는 것을 알게 되었습니다. 그는 명철을 얻었습니다. 그래서 그의 인격이 어떻게 변했습니까? 따뜻한 인격자가 되었습니다. 스데반의 죽음을 마땅하다고 여겼던 그였습니다. 차가운 도덕으로 남을 정죄했던 그였습니다. 하지만 그는 달라졌습니다. 한 영혼의 연약함 때문에 슬퍼하며 눈물을 흘릴 줄 아는 사람이 되었습니다. 바울은 에베소 장로들에게 고별 설교를 합니다.

"여러분이 일깨어 내가 삼 년이나 밤낮 쉬지 않고 눈물로 각 사람을 훈계하던 것을 기억하라"(행 20:31).

그는 왜 변했습니까? 복음의 능력 때문입니다. 십자가에 나타난 그리스도의 온유 때문입니다. 온유는 우리가 불굴의 의지로 가질 수 있는 성품이 아닙니다. 오직 복음의 능력으로 맺혀지는 하늘의 성품입니다. 만약 복음이 당신의 모든 것이라면, 그리스도가 당신의 참된 주인이시라면, 당신은 자연스럽게 자기방어의 무익을 깨닫고, 자기를 높이려는 집착의 길에서 돌아서게 될 것입니다. 천국 주인이 얼마나 귀하신지 알게 될수록, 그분의 가치에 눈을 뜰수록, 자기방어의 무가치함을 알게 될 것입니다.

온유는 배우는 것

둘째로, 온유는 배우는 것입니다. 로이드 존스는 "온유는 배우려는 영을 의미한다"라고 말합니다. 모든 피조물은 시공간의 제약을 받습니다. 시공간의 제약이 없으신 하나님은 시간과 공간을 만드신 다음에 사람을 만드셨습니다. 여호와는 완전하시지만, 피조물인 우리는 불완전하고 제한적입니다. 연약한 인생은 주권자의 권위 아래에 있지 않으면 제대로 살 수 없습니다.

창조주는 배움이 필요 없으시지만, 우리 인생들은 배움이 반드시 필요합니다. 죄가 없었을 때에도 아담은 지식이 필요했습니다.

"선악을 알게 하는 나무의 열매는 먹지 말라 네가 먹는 날에는 반드시 죽으리라 하시니라"(창 3:17).

하나님은 본래 기다림이 필요가 없는 분이시지만, 사람은 기다림이 필요합니다. 연약하고 불완전하기 때문입니다. 그래서 하나님은 우리를 긍휼함으로 오래 참아 주십니다.

어린 아기를 예로 들어 보겠습니다. 부모는 갓난아기에게 흰쌀밥과 고기를 주지 않습니다. 탈이 날 것이 분명하기 때문입니다. 부모는 어린 자녀에게 글자를 알려주기 전에 긴 문장을 써보라고 명령하지 않습니다. 자녀가 감당하지 못할 것이 분명하기 때문입니다.

하나님은 창세 전에 택하신 자녀를 특정한 시점에 은혜로 부르십니다. 하나님은 구원을 베푸실 때, 모든 영적 자녀를 곧바로 아버지의 독생자 그리스도의 장성한 분량의 사람으로 바꾸실 수 있는 권능이 있으십니다. 하지만 결코 그렇게 하지 않으십니다. 우리의 연약함과 불완전함을 잘 아시기 때문입니다. 그래서 하나님은 우리에 대해 오래 참으심으로 양육하십니다.

바울은 "사랑은 오래 참고 사랑은 온유" 하다고 말합니다(고전 13:4). 오래 참는 사랑은 항상 온유와 함께합니다. 인내 없는 온유는 헛된 부드러움이며, 온유 없는 인내는 헛된 기다림입니다. 반면 오래 참는 사람은 온유를 깨달으며, 온유한 사람은 인내를 배웁니다.

논의의 요점은 이것입니다. 하나님은 시간과 환경이라는 도구를 사용하셔서 하늘의 성품을 가르치십니다. 연약한 우리 인간이 탈이 나지 않도록 오래 참아 주시며, 그 속에서 온유를 배우게 하십니다.

오랜 시간과 여러 상황을 통해 아버지는 우리 안에 주님의 인격을 빚어 가십니다.

온유해진 아브라함

믿음의 조상이 매우 좋은 예입니다. 아브라함을 봅시다. 그가 하란을 떠나 가나안 땅에 들어간 나이는 75세였습니다. 창세기 12장을 보시면, 하나님은 아브라함에게 약속의 자녀에 대한 희미한 힌트를 주십니다.

그리고 시간이 지나 확실한 약속을 하십니다.

> "아브람이 또 이르되 주께서 내게 씨를 주지 아니하셨으니 내 집에서 길린 자가 내 상속자가 될 것이니이다. 여호와의 말씀이 그에게 임하여 이르시되 그 사람이 네 상속자가 아니라 네 몸에서 날 자가 네 상속자가 되리라 하시고"(창 15:3-4).

하지만 아브라함에게 주의 약속은 점점 희미해져 갔습니다. 가나안 땅에 입성한 지 10년이 지났을 무렵, 큰 실수를 범합니다. 인간적인 방법으로 상속자를 세우기 위해 사라의 여종 하갈과 동침하여 이스마엘을 낳습니다.

그럼에도 불구하고, 하나님은 인내하십니다. 죄로 반응한 아브라함을 내치지 않으시고, 99세의 나이가 된 그를 다시 찾아오십니다.

"내가 너와 네 후손에게 네가 거류하는 이 땅 곧 가나안 온 땅을 주어 영원한 기업이 되게 하고 나는 그들의 하나님이 되리라"(창 17:8).

백세가 되었을 때, 아브라함은 이삭을 선물로 받습니다.

"보라 자식들은 여호와의 기업이요 태의 열매는 그의 상급이로다"(시 127:3).

이삭은 하나님이 아브라함에게 주신 은혜의 선물 그 자체였습니다. 하지만 이삭이 청년이 되었을 무렵, 하나님은 그를 자신에게 바치라고 명령하십니다.

"네 아들 네 사랑하는 독자 이삭을 데리고 모리아 땅으로 가서 내가 네게 일러준 한 산 거기서 그를 번제로 드리라"(창 22:2).

그때 아브라함이 어떻게 반응을 했습니까? '하나님, 왜 주었다가 도로 빼앗으십니까?'라고 했습니까? 아닙니다. 대신 아침 일찍 일어나 나귀에 안장을 지우고 두 종과 그의 아들 이삭을 데리고 하나님이 일러주신 곳으로 갔다고 성경은 말합니다.

그가 주께 첫 약속을 받은 지 약 35~40년이 지난 때입니다. 지난 세월 동안, 수많은 실수와 실패를 반복합니다. 아내 사라를 두 번이나 누이로 속여서 이방 왕에게 넘겼습니다. 자기방어의 본보기가 누구냐고 제게 묻는다면, 저는 아브라함이라고 말하고 싶습니다. 자기 목숨을 보전하기 위해, 약속의 자녀를 잉태할 아내를 이방 왕에게 줘버린 자가 아브라함입니다. 믿음의 조상이라는 이름은 그에게 어울리지 않아 보입니다. 역사에 길이 남을 비겁의 아이콘입니다.

하지만 아브라함은 달라졌습니다. 자기 생각을 주장하지 않습니다. 순종합니다. 하나님 말씀에 순종하여 이삭을 바치려 합니다. 욥의 고백이 아브라함의 심령을 대변합니다.

> "내가 모태에서 알몸으로 나왔사온즉 또한 알몸이 그리로 돌아가올지라 주신 이도 여호와시요 거두신 이도 여호와시오니 여호와의 이름이 찬송을 받으실지니라"(욥 1:21).

아브라함은 왜 온유해졌습니까? 오래 참으신 하나님 때문입니다. 여호와의 성품에 감동한 자의 변화된 모습을 보십시오. 아브라함은 더는 자기를 방어하지 않습니다. 거저 받은 은혜를 감사로 되돌려드리려 할 뿐입니다. 아들을 아끼지 아니하는 그를 보십시오. 이삭은 아브라함의 모든 것입니다. 그럼에도 그는 지금 자기의 모든 것을 주께 드리려 합니다. 순종하는 그를 보십시오. 철저히 주를 의존하는 그를 보십시오. 아브라함은 40년에 걸쳐서 온유를 배웠습니다.

온유해진 모세

모세는 어떠한가요? 민수기 12장 3절에서 "이 사람 모세는 온유함이 지면의 모든 사람보다 더하더라"라고 말합니다. 하지만 본래 모세는 그러한 자가 아니었습니다. 신학자 제임스 패커의 말을 빌리자면, 과거 모세는 권력을 휘두르고, 애굽인을 살해했습니다. 자기 동족의 사사로운 문제를 해결하려 하면서 주제넘게 구원자 노릇을 자처했습니다.

하나님은 모세에게 온유를 가르치고자 하셨습니다. 그래서 40년의 광야생활이라는 연단의 칼을 드셨습니다. 자비의 칼로 그의 내면을 조금씩 수술하셨습니다. 모세가 가졌던 자기 허영과 자만을 조금씩 허무셨습니다.

40년 뒤, 하나님은 모세를 부르십니다. 그리고 이스라엘 백성을 구원하라 명령하십니다. 그때 모세는 말합니다.

"내가 누구이기에 바로에게 가며 이스라엘 자손을 애굽에서 인도하여 내리이까"(출 3:11).

또한 말합니다.

> "오 주여 나는 본래 말을 잘하지 못하는 자니이다 주께서 주의 종에게 명령하신 후에도 역시 그러하니 나는 입이 뻣뻣하고 혀가 둔한 자니이다"(출 4:10).

40년 광야 생활을 통해, 자비의 연단을 받은 모세는 한결 부드러운 자가 되었습니다. 자기 위치를 깨닫고, 자기 힘을 절제할 줄 아는 자가 되었습니다. 기다릴 줄 아는 자가 되었고, 의지할 줄 아는 자가 되었습니다. 도움을 요청할 줄 아는 자가 되었고, 자기 연약함을 솔직하게 고백할 줄 아는 자가 되었습니다. 이처럼 하나님은 시공간을 사용하셔서 연약한 인생을 천천히 빚어 가십니다.

온유한 자가 받는 기업

산상수훈으로 돌아가 보겠습니다. 예수님은 "온유한 자는 복이 있나니 그들이 땅을 기업으로 받을 것임이요" 말씀하십니다.

온유와 땅의 상속은 무언가 어울리지 않아 보입니다. 자기 것을 주장하지 아니하고, 되려 남에게 자기 것을 내어주는 사람이 어떻게 땅을 소유할 수 있는 것인지 의구심이 듭니다. 합리적인 판단이 서지 않습니다. 계산이 되질 않습니다. 하지만 예수님의 가르침 안에는 온유의 비밀이 숨겨져 있습니다.

땅은 천국을 상징합니다. "땅을 기업으로 받을 것임이요"(마 5:5). 여기에 미래형 동사가 쓰인 데에는 이유가 있습니다. 그리스도 예수로 말미암아 이미 신자 안에 임했지만, 장차 완성될 영원한 도성인 천국은 온유한 자만이 소유할 수 있습니다. 그 나라는 폭력과 압제로는 얻을 수 없습니다. 오직 자기를 포기하는 자의 기업이며, 유업입니다. 그래서 온유한 자란 구원받은 자를 뜻하며, 내면에서 온유를 맛본 자만이 구원받을 수 있음이 타당합니다.

구원받은 사람은 점점 현재의 삶에 집착하지 않게 됩니다. 되려 나그네 삶으로 여깁니다. 앞서 언급했던 아브라함이 그랬습니다. 히브리서 기자는 말합니다.

"믿음으로 아브라함은 부르심을 받았을 때에 순종하여 장래의 유업으로 받을 땅에 나아갈새 갈 바를 알지 못하고 나아갔으며 믿음으로 그가 이방의 땅에 있는 것같이 약속의 땅에 거류하여 동일한 약속을 유업으로 함께 받은 이삭 및 야곱과 더불어 장막에 거하였으니 이는 그가 하나님이 계획하시고 지으실 터가 있는 성을 바랐음이라"(히 11:8-10).

아브라함은 그리스도를 믿는 모든 자를 대표합니다. 그리스도인이 나그네 삶을 기쁘게 살아낼 수 있는 이유는 '더 나은 본향을 사모'하기 때문입니다.

> "그들이 이제는 더 나은 본향을 사모하니 곧 하늘에 있는 것이라 이러므로 하나님이 그들의 하나님이라 일컬음 받으심을 부끄러워하지 아니하시고 그들을 위하여 한 성을 예비하셨느니라"(히 11:16).

당신은 온유해지기를 원하십니까? 부드러워지기를 원하십니까? 악을 악으로 갚지 않고 선으로 반응하기를 원하십니까? 복수가 아닌 관용을 베푸는 사람이 되기를 원하십니까? 용서와 위로를 삶과 인격으로 노래하는 그리스도의 사람이 되기를 원하십니까?

당신이 소유한 구원이 무엇인지를 다시 생각해 보십시오. 구원을 홀로 시작하셨고, 이끄시고, 장차 완성하실 하나님이 누구이신지를 다시 생각해 보십시오(빌 1:6). 그분을 묵상하십시오.

시편 37편은 지금 다루는 주제를 압축해 놓은 시입니다. 삶을 살면서 하나님의 인격을 몸소 경험했던 다윗은 여호와를 우러러 찬양합니다. 동시에 나그네 삶을 사는 우리를 격려합니다.

> "여호와를 의뢰하고 선을 행하라 땅에 머무는 동안 그의 성실을 먹

을거리로 삼을지어다 또 여호와를 기뻐하라 그가 네 마음의 소원을 네게 이루어 주시리로다 네 길을 여호와께 맡기라 그를 의지하면 그가 이루시고 네 의를 빛같이 나타내시며 네 공의를 정오의 빛같이 하시리로다 여호와 앞에 잠잠하고 참고 기다리라 자기 길이 형통하며 악한 꾀를 이루는 자 때문에 불평하지 말지어다 분을 그치고 노를 버리며 불평하지 말라 오히려 악을 만들 뿐이라 진실로 악을 행하는 자들은 끊어질 것이나 여호와를 소망하는 자들은 땅을 차지하리로다 잠시 후에는 악인이 없어지리니 네가 그곳을 자세히 살필지라도 없으리로다 그러나 온유한 자들은 땅을 차지하며 풍성한 화평으로 즐거워하리로다"(시 37:3-11).

이미 구원하셨을 뿐만 아니라 장차 완성하실 하나님을 신실하게 의뢰하는 자야말로 평안합니다. 넘어졌을지라도 영원한 팔로 붙들고 계신 주님만을 신뢰하는 자야말로 참된 회개를 할 수 있습니다. 자기 의가 너무도 더러워서 그리스도의 의로움만을 의지하는 자야말로 인내로 기다릴 수 있습니다. 그래야 악인이 형통해도 불평하지 않을 수 있고, 분노가 아닌 온유의 입술로 주께 찬양을 올려 드릴 수 있습니다.

당신은 그리스도를 진정으로 믿으십니까? 십자가 은혜를 진정으로 의지하십니까? 아브라함과 이삭, 야곱과 요셉, 모세와 다윗의 인생을 책임 지신 아버지 하나님을 신뢰하십시오. 독생자 예수를 아끼지 아니하시기까지 당신을 사랑하시는 아버지를 신뢰하십시오. 오래 참으시는 하나님을 바라보십시오. 인내로 당신을 연단시키시어 자기 아들 예수의 형상을 닮아가게 하시는 하나님을 소망하시기를 바랍니다.

5.

의에 주리고 목마른 자

의에 주리고 목마른 자는 복이 있나니 그들이 배부를 것임이요(마 5:6)

다윗이 쓴 시 가운데 이런 내용이 있습니다. 시편 42편 1절 말씀입니다.

"하나님이여 사슴이 시냇물을 찾기에 갈급함 같이 내 영혼이 주를 찾기에 갈급하나이다"(시 42:1).

고대 근동지역의 건기는 사슴에게 매우 고달픈 시기입니다. 입이 바짝바짝 마르기 때문입니다. 이때 사슴은 다른 것을 필요로 하지 않습니다. 오직 물이 필요할 뿐입니다. 우리는 '갈급함'이라는 단어를 잘 알고 있습니다. 누군가가 "나는 지금 갈급해"라고 말한다면, '난 지금 무언가가 너무나 부족해. 그래서 큰 고통을 느끼고 있어'라는 마음의 고백일 것입니다. 동시에 부족함을 채워줄 어떤 대상을 강하게 열망하고 있다는 뜻일 것입니다.

본문의 말씀은 결핍과 채움에 관한 메시지입니다. 예수님은 "의에 주리고 목마른 자는 복이 있나니 그들이 배부를 것임이요"라고 말씀하십니다(마 5:6).

우리는 계속해서 행복에 대해 배우고 있습니다. 사람은 누구나 행복하기를 원합니다. 간혹 행복을 거부한다고 말하는 사람이 있습니다. 하지만 강한 부정은 강한 긍정이듯이, 되려 그러한 사람에게서 행복에 대한 더 큰 열망을 발견합니다.

어떤 이는 결혼이 완전한 행복을 가져다줄 것으로 생각합니다. 그래서 결혼을 인생의 목표로 삼습니다. 반대로 요즘 뉴스를 보면, 비혼주의를 꿈꾸는 자가 꽤 많아졌다고 합니다. 누구의 간섭도 받지 않고, 혼자만의 삶을 즐길 때 행복이 극대화될 수 있다고 생각하는 것 같습니다. 어떤 이는 남을 돕는 봉사활동으로, 어떤 이는 정치활동으로, 어떤 이는 종교적 활동을 통해 행복감을 느끼려고 합니다. 물론 이러한 활동들이 부분적, 일시적으로 우리에게 기쁨을 가져다주는 것은 사실입니다.

하지만 예수님의 가르침은 본질적인 행복에 초점을 두고 있습니다. 주님이 말씀하시는 복은 은혜로 말미암는 선물입니다. 그러나 우리의 죄성은 교묘하게 이 진리를 왜곡합니다. 사탄은 우리의 뒤틀린 마음에 거짓말을 뿌려, 자기 능력과 지혜로 무언가를 성취해야만 행복해질 수 있다고 속삭입니다.

그래서 세상은 복 있는 자를 이렇게 정의합니다. '스스로 배부르고 갈증을 해결한 자는 복이 있나니.' 우리의 죄 된 마음은 항상 산상수훈의 복과 반대되는 길을 추구합니다. 심령이 부하고, 애통하지 않으며, 자기방어와 자기 영광을 위해 삶을 헌신하라고 속삭입니다. 우리가 죄인인 증거는 명확합니다. 이러한 거짓말을 배운 적이 없음에도, 우리 내면 안에서 왜곡된 사상들이 샘물처럼 흘러나옵니다.

기독교와 다른 종교

기독교와 기독교가 아닌 것을 잠시 살펴보기를 원합니다. 이 둘을 구분을 짓는 절대적인 기준은 '은혜'입니다. 기독교는 주권자의 은혜로 시작하지만, 다른 모든 종교는 인간의 노력으로 시작합니다. 기독교는 자기 성취를 부정합니다. 하지만 기독교가 아닌 다른 모든 종교는 자기 성취를 격려합니다. 기독교는 자기만족과 자기 채움을 부정합니다. 다른 종교는 자기만족과 자기 채움을 칭송합니다. 기독교는 도덕적 우월감을 부정합니다. 다른 종교는 도덕적 우월감을 가치있게 여깁니다. 기독교는 낮아짐의 진정한 겸손을 추구합니다. 하지만 다른 모든 종교는 높아짐의 위선적인 겸손을 찬양합니다.

저는 기독교와 기독교가 아닌 것을 이렇게 정의하고 싶습니다. 기독교는 '그리스도 예수 안에서'로 정의가 됩니다. 하지만 기독교가 아닌 모든 종교는 '그리스도 예수 밖에서'로 정의됩니다. 즉 '그리스도의 능력 안에서 대 나의 능력 안에서', '그리스도의 의로움 안에서 대 나의 의로움 안에서', '그리스도의 복음 안에서 대 내가 만든 복음 안에서'로 정의할 수 있습니다.

더 나아가 기독교의 참된 은혜와 거짓 은혜를 살펴보겠습니다. 참된 은혜는 자격 없음을 깊이 고뇌하는 자에게 불현듯 찾아오는 전능자의 은총입니다. 그래서 은혜를 받은 자는 선물을 주신 분께 감사의 마음이 자연스럽게 생깁니다. 고린도후서 9장 15절 말씀입니다.

"말할 수 없는 그의 은사로 말미암아 하나님께 감사하노라"

여기에서 쓰인 '은사'는 은혜를 지칭합니다. 측량할 수 없는 하나님의 은혜는 스스로 아무런 자격이 없다고 여기는 자의 인격을 관통합니다. 그래서 감사를 노래하는 자가 되게 합니다.

하지만 거짓 은혜는 자신의 자격 됨을 뿌듯해하는 자에게서 발견되는 회칠한 무덤과도 같습니다. "일하는 자에게는 그 삯이 은혜로 여겨지지 아니하고 보수로 여겨"진다고 로마서 4장 4절에서 증언한 말씀 같습니다. 거짓 은혜를 사모하는 자는 자기가 일한 대가를 마땅히 여깁니다. 그래서 도덕적인 우월감에 도취한 채 감사가 없는 삶을 살아갑니다.

이를 더 논의해 보고자 합니다. 참된 은혜와 거짓 은혜는 죄에 대한 인식에서 확연히 구별됩니다. 이는 산상수훈의 핵심 메시지이기도 합니다. 참된 은혜는 상한 심령의 거룩한 애통을 거쳐서 돌처럼 단단했던 내면을 부드럽게 만듭니다. 곧 그리스도의 은혜는 회개의 과정을 통해, 전에 없던 온유의 인격을 창조합니다. 반면 거짓 은혜는 마음의 가난과 죄에 대한 비통함 없이도 부드러운 인격을 가질 수 있다고 주장합니다.

하지만 이러한 주장 이면에는 죄를 관념으로만 인식할 뿐, 실제적인 자기 문제로 받아들이기는 거부하는 고약한 심보가 자리하고 있습니다. 십자가에서 죄와 사탄을 이기신 전능자로서의 그리스도만 인정할 뿐, 십자가의 고난과 죽으심을 대신 감당하신 대속의 그리스도는 부정합니다.

그러나 그리스도가 설파하고 계신 은혜의 복은 인간의 죄인 됨이라는 교리에 초점을 맞춥니다. 따라서 본문의 주제인 의에 대한 주림과 목마름은 은혜의 관점에서 해석해야 합니다. 만약 그렇지 않다면, 산상설교는 그리스도의 복음이 아니라 그저 인본주의적 메시지로 전락해 버릴 것입니다.

의로운 자

예수께서 말씀하시는 행복한 자는 누구입니까? 참으로 복된 자는 누구입니까? 죄인, 곧 '나'라는 불의한 존재 안에서는 결코 의로워질 가능성을 전혀 발견하지 못하는 자입니다. 자기의 불완전한 의로움으로는 결코 거룩하신 하나님과 올바른 관계를 맺을 수 없다고 믿는 자야말로 복된 자입니다. 그 이유는, 그리스도의 의로움 안에서만 구원의 길을 찾을 수 있기 때문입니다.

복음은 어떤 면에서 참 유머가 있는 것 같습니다. 세상 지혜, 세상 철학과는 짝할 수 없는 것이 십자가 복음이라는 것을 더욱 깨닫습니다. 왜 그렇습니까? 구원받은 자는 '더' 의에 주리고 목이 마르기 때문입니다. 얼핏 보기에, 의롭다 함을 받은 자는 더는 영적 갈급함이 없을 것만 같습니다. 그러나 예수께서는 이 땅에서 계속 의에 주리고 목이 마른 것이 은혜받은 자의 참모습이라고 말씀하십니다. 이것이 기독교인의 올바른 상태입니다.

최근 한국을 떠들썩하게 만든 다큐멘터리가 하나 있습니다. 넷플릭스에서 방송한 "나는 신이다: 신이 배신한 사람들"이라는 JMS 교주에 관한 다큐멘터리입니다(https://www.netflix.com/kr/title/81493078, 제1~3회, 방송 참조). 그는 영지주의 사상을 교리화한 자입니다. 겉은 달라 보이지만, 동일한 본질을 가지고 있는 이단 분파 중에 구원파가 있습니다. 이들 또한 영지주의 사상을 교리화한 단체입니다.

저는 한때, 이들 교리를 공부한 적이 있습니다. 구원파의 세 분파 중, 한 분파 교주의 책을 사서 읽어 보았습니다. 제가 놀랐던 것은 얼핏 보기에 이들의 교리가 매우 성경적인 것처럼 보인다는 사실이었습니다. 그런데 이들은 '칭의'만을 절대적으로 강조합니다. 의로운 신분을 집중적으로 부각시킵니다. 하지만 여기서 심각한 오류를 발견할 수 있었습니다.

'칭의'는 하나님의 법적 선언입니다. 죄인이 법적으로 무죄 판결을 받는 것이 바로 칭의(의롭다 함을 칭함 받음)입니다. 그러나 구원파 교리는 칭의를 법적인 개념이 아닌, 내적 변화인 성화로 둔갑을 시킵니다. 저는 구원파 교리를 칭의가 성화를 잡아먹은, 왜곡된 구원론이라고 명명하고 싶습니다. 분명한 사실은 성화가 삭제된 칭의는 영화까지 도달할 수 없습니다. 이들이 말하는 바는 성경에서 말하는 칭의론과 구원론이 아닙니다.

예를 들어 이제 막 결혼한 부부가 곧바로 성숙한 부부가 될 수 없고, 이제 막 입대한 이등병이 곧바로 온전한 병사가 될 수 없습니다. 이처럼 신분적 변화는 영적인 생활의 시작일 뿐이지, 우리 내면과 삶의 완성을 의미하지 않습니다.

그러나 신분적 의로움을 내면적 의로움과 동일시하는 구원파적 교리는 성도의 신앙생활을 어두운 감옥에 갇히게 하여 아무것도 하지 못하게 만듭니다. 결과적으로 구원받은 자가 해야 할 일은 이미 완성된 자기 상태를 그저 관망하는 것이라 착각하게 만듭니다.

하지만 예수님의 가르침은 다릅니다. 주님은 자기 죄를 아파하는 자가 진정으로 거룩할 수 있다고 말씀하십니다. 그러나 구원파의 구원론은 자기 죄에 대해 지속해서 아파하는 것은 구원받지 않는 자의 열매라고 말합니다. 그래서 성도의 신실한 회개를 무익한 것으로 간주합니다. 반복적인 회개를 부정합니다. 이러한 거짓된 은혜 교리는 산상수훈의 가르침과 정반대의 길에 서 있습니다.

무엇보다 예수께서 의에 주리고 목마른 상태를 현재형으로 말씀하고 계시다는 사실에 주목해야 합니다. 법적인 칭의는 그리스도 예수를 믿을 때, 순간적으로 단회에 완성됩니다. 하지만 성화는 그렇지 않습니다. 성화는 과정입니다. 신자의 거룩은 점진적이고 지속적인 과정 없이 이루어지지 않습니다. 성화는 성령님과의 지속적 교제와 동행을 통해 성장해 나갑니다. 곧 성화는 영화의 순간까지 신실하게 경험해야 할 우리의 삶입니다.

"너희는 그 은혜에 의하여 믿음으로 말미암아 구원을 받았으니 이것은 너희에게서 난 것이 아니요 하나님의 선물이라 행위에서 난 것이 아니니 이는 누구든지 자랑하지 못하게 함이라 우리는 그가 만드신 바라 그리스도 예수 안에서 선한 일을 위하여 지으심을 받은 자니 이 일은 하나님이 전에 예비하사 우리로 그 가운데서 행하게 하려 하심이라"(엡 2:8-10).

진정으로 의롭다 함을 칭함 받은 자는 선한 일을 사모합니다. 점점 자기자랑을 싫어합니다. 대신 그리스도를 높이기 원합니다. 성령께서 그렇게 하도록 인도하십니다. 십자가 공로에 근거하여 우리를 새롭게 창조하신 성령께서는 그리스도만을 높이는 자리로 우리를 이끄십니다. 우리가 의로운 일을 하도록 인도하십니다.

하지만 의를 행하려는 우리 내면은 동시에 갈증을 느낍니다. 그리스도 예수 없이는 아무것도 할 수 없는 자기 존재를 깨닫게 되기 때문입니다. 즉 성령님은 그리스도라는 영생의 물을 우리가 지속해서 갈구하도록 하시는 분이십니다. 그러므로 그리스도의 사람은 굶주린 자입니다. 목마른 자입니다. 복음을 알면 알수록 그 가치와 깊이와 너비를 더 알기 원하는 자가 참된 그리스도인입니다.

그리스도 예수 안에 살아있는 자는 내면의 의로움을 열망할 수밖에 없습니다. 내면의 거룩을 열망할 수밖에 없습니다. 그래서 그리스도의 의로운 발자국을 따라 걸으려 합니다. 쫓으려 합니다. 그분에게 순종하려 합니다.

하지만 그러면 그럴수록, 한없이 작아지는 자기 자신을 또한 발견합니다. 왜입니까? 그분께 가까이 가면 갈수록 그리스도는 빛으로 드러나시기 때문입니다. 복음을 깊이 아는 자일수록 자기의 불의와 허물과 죄성을 더 깨닫습니다. 이것이 그리스도의 의로움 안에 깊이 거하는 자의 실제적 모습입니다.

> "내가 이미 얻었다 함도 아니요 온전히 이루었다 함도 아니라 오직 내가 그리스도 예수께 잡힌 바 된 그것을 잡으려고 달려가노라"(빌 3:12).

이미 도달했다고 믿는 자는 출발한 적이 없는 자입니다. 그러나 아직 가야 할 길이 멀다고 생각하는 자는 어느 정도 예수께 닿아있는 자입니다.

의에 주리고 목마름

이제 배고픔과 갈증에 대해 논의해 보고자 합니다. 배가 고프고 목이 마른 것은 사람의 본능입니다. 주리고 목이 마르지 않은 자는 살아있지 않은 자입니다. 어머니 태에서 나온 아기는 주리고 목마름을 본능적으로 느낍니다.

그런데 주림과 목마름은 한 번의 채움으로 충족되지 않습니다. 전 생애에 걸쳐서 반복적으로 채워야 합니다. 만약 우리가 먹고 마시는 행위를 중단한다고 생각해 보십시오. 곧 죽게 될 것입니다.

3.3.3법칙이 있다고 합니다. 3분 동안 공기를 마시지 못하거나, 3일 동안 물을 마시지 못하거나, 3주 동안 음식을 섭취하지 못하면, 생명이 위태롭게 된다는 법칙입니다. 물론 사람에 따라서, 건강 상태에 따라서, 이 법칙은 조금씩 달리 적용될 것입니다. 사십 일 동안 금식하셨던 예수님과 같이, 좀 더 오랫동안 음식을 먹지 않아도 생명을 유지할 수 있는 분도 있습니다. 하지만 장기간 영양분을 공급받지 못하면 사람은 결국 죽게 됩니다. 이를 통해 모든 인생이 연약하고 불완전하다는 것을 알 수 있습니다.

예수님은 네 번째 복을 말씀하실 때 배고픔과 목마름을 말씀하셨습니다. 우리는 여기에서 인생의 원초적인 욕구와 필요를 봅니다. 그리스도의 가르침은 모든 인생이 느끼는 갈증을 없애줄 원천이 무엇인지 생각하게 하십니다. 요컨대 오직 하나의 대상만이 우리의 영적 결핍을 채울 수 있음을 시사합니다.

예를 들어 봅시다. 어떤 남자가 오프로드 여행을 즐기기 위해 차를 타고 혼자 모하비 사막으로 떠났습니다. 그런데 그만, 사막 중간에서 자동차가 고장이 납니다. 주위에는 아무도 없습니다. 사막 한가운데 혼자 있습니다. 먹을 식량은 이제 완전히 바닥이 났습니다. 안타깝게도 마실 물도 떨어졌습니다. 그렇게 삼 일이 흘렀습니다. 그는 혀가 입천장에 닿을 정도의 엄청난 갈증을 느낍니다. 전 인생을 통틀어 이와 같은 고통은 없었습니다.

그런데 과거 그는 수집광이었습니다. 값비싼 보물을 수집하는 것으로 자기 인생을 살찌웠습니다. 모든 정욕을 수집 활동에 쏟아부었습니다. 집에는 수백억의 가치를 지닌 진귀한 물품이 즐비합니다. 그는 고가의 미술 작품을 바라보며 풍족함을 느꼈고, 당분간 아무것도 먹고 마시지 않아도 살 수 있을 것만 같았습니다.

하지만 사막 한가운데서 사흘이 넘도록 물 한 방울도 마시지 못한 이 가련한 사람을 보십시오. 그에게 당장 필요한 것은 오직 물입니다. 다른 것은 필요치 않습니다. 그의 집에 있는 값비싼 보물은 그의 생명을 유지하는 데 전혀 도움을 주지 못합니다. 오직 단 한 방울의 물만 필요할 뿐입니다. 그는 깨닫습니다. 생명을 위해 필요한 것은 단 한 잔의 깨끗한 물, 그 이상 그 이하도 아니라는 것을 말입니다.

기독교인은 이러한 사람과 같습니다. 그리스도인은 목이 말라야 하는 존재입니다. 오직 하나님만 갈망하기 위해 심한 영적 갈증을 느껴야 하는 존재입니다. 만약 당신이 갈증을 느끼지 못한다면, 무언가가 잘못된 것입니다. 배고픔과 갈증을 느끼지 못하는 자는 하나님을 찾지 않습니다. 의지하려 하지 않습니다. 의탁하려 하지 않습니다. 배고프고 목마르기 때문에 도와 달라고 간청할 줄 알고, 살려 달라고 애원할 줄도 아는 것입니다. 영적인 갈급을 느끼지 못하는 자는 하나님의 얼굴을 구하지 않습니다. 주권자의 능하신 팔을 붙들 필요를 느끼지 못합니다.

> "가련하고 가난한 자가 물을 구하되 물이 없어서 갈증으로 그들의 혀가 마를 때에 나 여호와가 그들에게 응답하겠고 나 이스라엘의 하나님이 그들을 버리지 아니할 것이라"(사 41:17).

이처럼 가난한 자가 물을 구합니다. 심령이 가난한 자가 생명의 근원 되신 하나님을 찾습니다. 마음이 겸손한 자가 영적 해갈을 경험합니다. 하나님께서는 바로 그러한 자를 만나주십니다. 혀가 말라서 말도 제대로 할 수 없는 자에게 친히 마르지 않는 생수가 되어 주십니다.

예수님은 말씀하십니다.

> "이 물을 마시는 자마다 다시 목마르려니와 내가 주는 물을 마시는 자는 영원히 목마르지 아니하리니 내가 주는 물은 그 속에서 영생하

도록 솟아나는 샘물이 되리라"(요 4:13-14).

오직 예수 그리스도만이 당신의 영적 갈증을 채우실 수 있습니다. 그리스도 외의 것은 당신에게 참된 만족을 가져다주지 못합니다. 주님은 말씀하십니다.

"의에 주리고 목마른 자가 복이 있나니 그들이 배부를 것임이요"(마 5:6).

주리고 목마르십니까? 오직 그리스도 예수로만 배부를 수 있습니다. 해갈을 경험할 수 있습니다. 십자가를 바라보십시오. 그리스도 께서는 당신의 영적인 피와 살이 되어 주셨습니다. 그래서 십자가의 도는 당신이 계속해서 먹고 마셔야 할 양식이자 음료입니다.

요한복음 6장 53-58절을 당신의 마음에 깊이 새기시기를 바랍니다.

"예수께서 이르시되 내가 진실로 진실로 너희에게 이르노니 인자의 살을 먹지 아니하고 인자의 피를 마시지 아니하면 너희 속에 생명이 없느니라 내 살을 먹고 내 피를 마시는 자는 영생을 가졌고 마지막 날에 내가 그를 다시 살리리니 내 살은 참된 양식이요 내 피는 참된 음료로다 내 살을 먹고 내 피를 마시는 자는 내 안에 거하고 나도 그의 안에 거하나니 살아 계신 아버지께서 나를 보내시매 내가 아버지로 말미암아 사는 것같이 나를 먹는 그 사람도 나로 말미암아 살리라 이것은 하늘에서 내려온 떡이니 조상들이 먹고도 죽은 그것과 같지 아니하여 이 떡을 먹는 자는 영원히 살리라"(요 6:53-58).

구원을 갈망하라

세 가지 적용 점을 나누고 말씀을 정리하려고 합니다. 첫째, 구원을 갈망하십시오. 혹시 구원의 소망이 없습니까? 자기 죄인 됨과 불의함을 어느 정도는 이해하고 있지만, 죄에서 돌이켜 본 적이 없습니까? 삶을 살아갈수록 인생의 공허함과 무력함을 느끼지만, 단 한 번도 제대로 된 만족을 경험해 본 적이 없습니까?

그리스도 예수께로 가십시오. 당신의 죗값을 십자가에서 모두 지불하셨을 뿐만 아니라, 부활하심으로 죄와 사망을 이기셨습니다. 의로우신 예수님의 옷자락을 꽉 붙드시길 바랍니다. 의로우신 그리스도에 주리고 목마른 사람은 반드시 배부를 것입니다. 약속하신 것을 반드시 지키시는 미쁘신 주께서 말씀하십니다.

"내가 주는 물을 마시는 자는 영원히 목마르지 아니하리니 내가 주는 물은 그 속에서 영생하도록 솟아나는 샘물이 되리라"(요 4:14).

당신의 죄를 겸허하게 인정하시고 회개하십시오. 그리고 예수님을 믿으시기를 바랍니다. 그때 영원한 생명의 양식이 당신의 영적인 배를 가득 채울 것입니다.

그리스도의 지식으로 배부르라

둘째, 그리스도의 지식을 당신의 양식으로 삼으시기 바랍니다.

"무엇이든지 내게 유익하던 것을 내가 그리스도를 위하여 다 해로 여길뿐더러 또한 모든 것을 해로 여김은 내 주 그리스도 예수를 아는 지식이 가장 고상하기 때문이라 내가 그를 위하여 모든 것을 잃어버리고 배설물로 여김은 그리스도를 얻고 그 안에서 발견되려 함이니"(빌 3:8-9a).

육신적으로 굶주리고 목마를 때, 우리는 먹을 것과 마실 것을 찾습니다. 냉장고를 열어 음식을 꺼내 먹습니다. 요리도 합니다. 영적으로 굶주린 사람도 이와 같습니다.

오직 그리스도 예수라는 고상한 지식으로만 자기 배를 채울 수 있음을 믿으신다면, 생명의 말씀을 찾으십시오. 구하십시오. 두드리십시오. 그리스도의 지식을 얻는 데 해가 되는 것이 있다면, 인내와 절제를 가지고, 배설물과 같은 것들을 삶에서 치워 버리시기를 바랍니다. 그리고 성경 앞으로 나아가시기를 바랍니다.

"태초에 말씀이 계시니라 이 말씀이 하나님과 함께 계셨으니 이 말씀은 곧 하나님이시니라"(요 1:1).

그리스도는 로고스, 곧 진리의 말씀 그 자체이십니다. 그리스도를 바라보는 것은 말씀을 보는 것과 같습니다. 그리스도를 의지한다는 것은 말씀을 의지하는 것과 같습니다. 그리스도를 따라 산다는 것은 그분의 뜻을 먹고 순종하는 것과 같습니다. 그리스도의 피와 살을 먹고 마시는 자는 십자가의 공로를 믿는 자를 뜻합니다. 십자가를 의존한다는 것은 또한 그분의 말씀을 먹고 마시는 것을 의미합니다. 시간을 내어서 말씀을 읽고, 깊이 생각하고, 기도하고, 적용하는 삶을 신실하게 살 때, 그제야 그리스도로 배부를 수 있습니다.

"모든 악독과 모든 기만과 외식과 시기와 모든 비방하는 말을 버리고 갓난 아기들같이 순전하고 신령한 젖을 사모하라 이는 그로 말미암아 너희로 구원에 이르도록 자라게 하려 함이라"(벧전 2:1-2).

여기에서 말하는 구원은 성화의 구원입니다. 갓난 아기는 어머니의 젖을 사모합니다. 우리는 영적 갓난아기와 같이 신령한 젖인 말씀 먹기를 사모해야 합니다. 그래야 그리스도의 장성한 분량까지 성장할 수 있습니다.

복음을 살아내라

끝으로, 복음을 삶으로 살아내십시오. 예수님의 양식은 순종하는 삶이었습니다.

"예수께서 이르시되 나의 양식은 나를 보내신 이의 뜻을 행하며 그의 일을 온전히 이루는 이것이니라"(요 4:34).

'나의 양식은 … 이것이니라.' 다시 말해 '나를 보내신 이의 뜻을 행하며 그의 일을 온전히 이루는' 순종이 예수님의 양식입니다. 신실하신 아들은 아버지께 '순종하는 삶'으로 자기 배를 채우셨습니다.

예수님은 이 땅에 사실 때 갈구하셨습니다. 무엇을 갈구하셨습니까? 아버지의 뜻을 따라 사는 삶, 아버지의 뜻을 행하는 삶을 갈구하셨습니다. 예수님은 이것을 자신의 양식으로 삼으셨습니다. 주께서 말씀하십니다.

"그런즉 너희는 먼저 그의 나라와 그의 의를 구하라 그리하면 이 모든 것을 너희에게 더하시리라"(마 6:33).

말씀을 '듣기'만 하는 자가 되지 마십시오. 듣고 '순종'하는 사람이 되십시오. 복음을 삶으로 살아내십시오. 예수님의 말씀을 살아내십시오.

순종은 사랑의 표현입니다. 감사함에 대한 반응입니다. 순종은 주님과 함께 걸어가는 것이고 동행하는 것입니다. 예수 그리스도에게 집중하는 사람의 자연스러운 삶의 모습이 순종입니다.

듣고 순종하는 자가 되어갈 때 당신은 배부름이 무엇인지를 알게 될 것입니다. 점점 더 깊이 그리고 더 많이 순종하는 자가 되어갈 때 채워짐과 흡족함이 무엇인지 더 깊이 알게 될 것입니다. 그래서 궁극적으로는 예수 그리스도로 말미암아 조금의 부족함도 없는 만족을 경험하게 될 것입니다.

6.

긍휼히 여기는 자

긍휼히 여기는 자는 복이 있나니 그들이 긍휼히 여김을 받을 것임이요
(마 5:7)

요즘 뉴스를 보면 점점 더 사람들이 잔인해지는 것 같습니다. 인간성을 상실해가고 있다는 생각이 듭니다. 최근 입양했던 아기를 학대하다가 결국 죽음에 이르게 한 양부모 사건이 있었습니다. 심지어 엄마와 아들이 공모하여, 남편이자 아버지였던 한 가장을 죽인 사건도 있었습니다. 정말 끔찍한 일이 현실에서 일어나고 있습니다.

하지만 어쩌면 이는 예견된 일이기도 합니다. 저는 미디어가 한몫했다고 생각을 합니다. 드라마와 영화는 과거보다 훨씬 더 자극적이고 잔인해졌습니다. 빠지지 않고 등장하는 소재는 '복수'입니다. 미

디어는 복수를 미화시키고 있습니다. 과거 학교 폭력을 당했던 사람이 가해자에게 앙갚음하는 이야기는 현시대 가장 인기 있는 드라마소재 중 하나입니다. 이러한 폭력적인 미디어를 분별없이 접한 아이들은 악을 악으로 갚는 것을 미덕으로 여길 것입니다.

그래서인지 긍휼을 논한다는 게 시대착오적인 느낌이 듭니다. 하지만 그리스도 예수를 믿는 자, 곧 성도는 세상과 구별된 존재입니다. 세상 유행과 흐름에 휩쓸리는 자가 아니라, 그리스도의 말씀을 따라 살아야 하는 존재입니다. 예수님은 믿음의 사람에게 말씀하십니다.

> "긍휼히 여기는 자는 복이 있나니, 그들이 긍휼히 여김을 받을 것임이요"(마 5:7).

네 번째 복까지는 새로운 피조물이 된 중생한 자의 내면적 변화를 집중했습니다. 그런데 다섯 번째 복은 조금 다릅니다. 예수께서는 "긍휼히 여기는 자는 복이 있나니"라고 말씀하시기 때문입니다. 내적으로 긍휼을 느끼는 자가 아니라, 남을 긍휼히 여기는 자에 대해 선포하십니다. 다섯 번째 복은 첫 번째부터 네 번째까지 복들의 내면적 변화가 참인지 거짓인지를 가늠하는 척도라고 말할 수 있습니다.

오늘 말씀은 크게 네 가지로 구분 지을 수 있는데, 첫 번째는 긍휼의 의미, 두 번째는 긍휼의 특징, 세 번째는 긍휼의 비결, 마지막은 긍휼의 결과입니다.

긍휼의 의미

첫 번째, '긍휼의 의미'에 대해 살펴보도록 하겠습니다. 긍휼은 자비라는 단어와 대체 가능한 용어입니다. 긍휼이 자비이자, 자비가 긍휼이라 말할 수 있습니다. 긍휼은 자신에게서 시선을 돌려 남을 바라보는 것을 전제합니다. 남을 바라보는 이유는 결점을 찾아내어 비판하고 상대적 우월감을 갖기 위해서가 아닙니다. 남에게 시선을 두는 이유는 그의 부족함과 필요를 파악하고 채워주기 위함입니다. 주님은 말씀하십니다.

"비판을 받지 아니하려거든 비판하지 말라"(마 7:1).

그리스도는 외식주의자를 싫어하십니다. 그래서 사랑 없는 비판자를 강하게 질책하십니다. 심지어 그들에게 독사의 자식이라고 강하게 꾸짖으십니다. 주님은 제자들에게 이들의 악한 본을 따르지 말라고 하십니다.

사람은 자신의 죄보다 남의 죄를 훨씬 더 크게 보려는 습성이 있습니다. 우리가 죄인이라는 명백한 증거가 바로 이것입니다. 자신의 죄를 돌아보기 이전에 남의 죄를 먼저 관찰하고 분석하려는 습성이 있습니다. 우리 모두는 심판의 보좌에 앉기를 원합니다.

하지만 그 오만한 자리에서 내려오기를 거부하는 자는 남의 결점을 찾아내는 데 자신의 인생을 허비합니다. 남을 세우기보다, 무너뜨리는 데 시간을 낭비합니다.

안식일 논쟁은 매우 좋은 예시 중 하나입니다.

> "예수께서 안식일에 밀밭 사이로 가실새 제자들이 시장하여 이삭을 잘라 먹으니 바리새인들이 보고 예수께 말하되 보시오 당신의 제자들이 안식일에 하지 못할 일을 하나이다"(마 12:1-2).

안식일은 무슨 날입니까? 안식일은 하나님과 친밀한 교제를 하는 날입니다. 영적 사귐과 연합이 안식일의 주된 목적입니다.

오늘날 우리가 주일 예배를 특별하게 생각해야 하는 이유가 여기에 있습니다. 매일이 주께 드리는 예배의 날이지만, 주일은 특별히 하나님과 더 깊고 친밀한 교제를 하는 날입니다.

안식일은 영혼을 위한 날입니다. 영혼이 소생하고 회복하는 날이

자, 영혼의 잘됨이 시작되는 날입니다.

그런데 자기만의 기준에 빠진 종교주의자들은 한 영혼의 잘됨에 관심이 없습니다. 종교주의자들에게 형제의 배고픔은 눈에 보이지 않습니다. 이들의 마음은 소리칩니다.

'너희가 굶어죽든 말든 그것은 나에게 중요하지 않아. 너희 예수의 제자들은 우리 조상의 전통을 무시했어. 안식일에 해서는 안 되는 일을 하고 말았어. 배가 고프다고 이삭을 잘라먹어? 너희들은 범법자야!'

예수님은 위선자들에게 호세아 6장 6절을 인용하여 말씀하십니다.

"나는 자비를 원하고 제사를 원하지 아니하노라 하신 뜻을 너희가 알았더라면 무죄한 자를 정죄하지 아니하였으리라"(마 12:7).

긍휼은 무엇입니까? 남을 불쌍히 여기는 마음입니다. 연민의 마음, 곧 동정하는 마음입니다. 남의 처지를 외면하지 아니하고, 되려 안타까워하는 심령입니다. 어떤 설교자는 동일시라는 단어를 가지고 긍휼을 설명합니다. 곧, 타인을 자기 자신처럼 여기는 마음입니다.

공감이라는 단어를 잘 아실 것입니다. 공감을 잘하는 사람과 대화를 하면, 뭔가 마음이 편해집니다. '이 사람은 내 마음을 이해하는구나. 내 생각과 감정을 공감해 주는구나. 이 사람에게는 내 속마음을 털어놓아도 되겠다' 하며, 어느새 오랜 기간 마음 깊숙이 쌓아 두었던 생각까지 털어놓기 시작하는 자신을 발견하곤 합니다.

하지만 산상수훈의 긍휼은 그저 상대방에 공감하는 것을 의미하지 않습니다. 긍휼은 영적인 측면에서 이해해야 합니다. 회개와 믿음이 동전의 양면이듯이, 은혜와 긍휼 또한 그러합니다. 곧 긍휼은 죄의 관점에서 해석해야 합니다.

이와 관련하여, 은혜와 자비를 구별하여 설명한 신학자 리처드 렌스키의 말이 흥미롭습니다. 그는 말합니다. "긍휼이라는 명사는 항상 우리가 고통, 불행함, 비탄함 등과 같은 죄의 결과를 어떻게 바라보는지와 관련된다. 그리고 은혜는 언제나 죄 그리고 죄책 자체와 관련되는 단어이다. 긍휼은 구제를 베풀고, 은혜는 죄에 대한 용서를 베푼다. 긍휼은 구제하고 치료하고 도우며, 은혜는 깨끗하게 하고 회복시킨다."

은혜가 죄 자체에 집중한다면, 긍휼은 죄의 결과에 집중합니다. 이것이 요점입니다. 그래서 자비로운 자는 죄의 결과의 속성을 깊이 이해하는 자입니다. 죄의 결과의 끔찍함을 아는 자입니다. 이러한 자야말로 남을 불쌍히 여길 수 있습니다.

긍휼의 특징

두 번째, '긍휼의 특징'에 대해 살펴보도록 하겠습니다. 긍휼의 첫 번째 특징, 기독교의 자비는 자연적인 성품이 아닙니다. 하늘의 선물입니다. 원래 우리의 것이 아니었다는 의미입니다. 그래서 구원받은 자라 할지라도, 이 인격이 열매 맺기까지는 시간이 걸립니다. 성령의 열매는 하루아침에 맺히지 않습니다.

주님은 긍휼히 여기는 자가 복이 있다고 말씀하십니다. 우리가 이 구절을 오해할 수 있습니다. '어떤 행위를 해야만 하늘의 은총을 얻을 수 있구나'라고 생각할 수 있습니다. 사회정의(Social Justice)와 사회복음(Social Gospel)과 같은 사상을 정당화하는 구절로 사용할 수도 있습니다. 물론 구원받은 자로서 우리는 선한 일을 해야 합니다.

> "만군의 여호와가 이같이 말하여 이르기를 너희는 진실한 재판을 행하며 서로 인애와 긍휼을 베풀며 과부와 고아와 나그네와 궁핍한 자를 압제하지 말며 서로 해하려 마음에 도모하지 말라"(슥 7:9-10).

만약 당신이 그리스도를 믿는 믿음으로 구원을 받았다면 하나님의 자녀로서 그분의 성품을 본받아 정의롭게 살아야 합니다. 의로운 일을 행해야 합니다. 어려운 처지에 있는 자를 외면하지 아니하고,

그들의 궁핍을 실질적으로 채우기를 애써야 합니다.

하지만 순서가 중요합니다. 이러한 외적인 활동은 선한 동기의 결과물이지, 영적 변화의 시작점이 아닙니다. 외부적인 선한 행위는 인간의 내적 변화를 일으킬 수 있는 능력이 전혀 없습니다. 기독교의 변화는 항상 은혜로 시작합니다. 그런데 하나님의 은혜는 우리 내면의 변화에 시작점을 둡니다.

따라서 오늘 본문 말씀을 잘못 적용하여 긍휼을 베푸는 행위가 마치 구원의 은혜를 얻는 수단인 것처럼 생각한다면, 대단히 큰 오류에 빠질 수 있다는 것을 명심해야 합니다. 이는 믿음뿐만 아니라, 할례를 행해야만 구원을 완성할 수 있다고 주장했던 율법주의자의 논리와 다르지 않기 때문입니다.

제가 산상수훈을 강해하며 계속해서 말씀드리는 것이 있습니다. 그것은 바로 그리스도의 복은 결코 자연인이 소유할 수 없다는 것입니다. 긍휼은 천성적으로 성격이 부드럽고, 온화한 것과 무관합니다. 하나님께서 새롭게 창조하신 새 인격이기 때문입니다. 어쩌면 이 사실이 당신에게 위로가 될지도 모르겠습니다.

때때로 온유하지 않은 자신을 바라보며, 자책을 할 때가 있지 않습니까? 자비가 너무도 부족한 자신의 영적 현주소를 바라보며, 마음이 무너져 내릴 때가 종종 있지 않습니까?

제가 그렇습니다. 설교를 준비하며 저의 자격 없음을 또다시 느끼는 시간을 가지게 됐습니다. 과거 저에게 도움을 요청했던 어떤 사람이 떠올랐습니다. 그런데 저는 당시에 제 기준과 잣대로 그를 판단했고, 그의 처지를 깊이 고려하지 않았습니다. 결론적으로 그를 도와주면 안 된다는 판단을 내렸습니다. 그래서 매몰차게 그의 요청을 거절을 했습니다. 당시에는 옳은 결정이었다고 생각을 했습니다. 하지만 시간이 지난 요즘, '조금 더 그의 입장을 고려했더라면, 그래서 좀 더 긍휼한 태도를 가졌더라면 어땠을까' 생각을 해봅니다.

저는 다시 깨닫습니다. '나는 긍휼을 생산해 낼 수 없는 자이구나. 내가 바리새인이구나. 나야말로 차가운 도덕을 신봉하는 자이구나.' 하지만 성령께서는 다시 그리스도 예수를 바라보게 하십니다. 저는 실패할 때가 많지만, 결코 실패하지 아니하시는 긍휼의 주인을 의지하게 하십니다. 다시 복음의 은혜를 붙잡게 하십니다. '하나님께서 아들을 통해 베풀어주신 긍휼의 복을 잊어버렸구나'라는 자책이 저를 뒤덮을 때, 주님은 회개하고 내게 오라고 자비의 손길을 내미십니다.

긍휼의 두 번째 특징, 긍휼은 마음으로 간직하는 것이 아닙니다. 긍휼은 행동하는 연민이자 실천하는 자비입니다. 긍휼의 주인은 긍휼히 여기는 자가 복이 있다고 말씀하십니다. 긍휼한 마음을 소유하게 된 자는 자비로운 행동을 하기 마련입니다. 베드로는 말합니다.

"너희가 전에는 백성이 아니더니 이제는 하나님의 백성이요 전에는 긍휼을 얻지 못하더니 이제는 긍휼을 얻은 자니라"(벧전 2:10).

베드로는 말로만 고백하는 자가 아니었습니다. 자신의 고백을 실천하는 신앙인이었습니다. 나면서 못 걷게 된 이가 있었습니다. 그는 성전 앞에서 구걸하며 힘겹게 살아가던 자였습니다. 베드로는 그를 그냥 지나치지 않습니다. 불쌍히 여깁니다. 그래서 주께 받은 권능으로 그의 병을 고칩니다(행 3:6-8). 8년 동안 중풍병을 앓고 있던 애니아라는 남성이 있었습니다. 그를 가엾이 여긴 베드로는 그리스도 예수의 이름으로 그를 고쳐줍니다.

또한 선행과 구제하는 삶을 살았던 다비다라는 착한 여인이 죽게 되었을 때, 그는 어떻게 했습니까? 상실의 아픔을 겪고 있던 자들의 친구가 되어 줍니다. 더 나아가서 주께 받은 권능을 사용하여 부활의 소망으로 그들 가슴을 뜨겁게 만듭니다.

"베드로가 사람을 다 내보내고 무릎을 꿇고 기도하고 돌이켜 시체를 향하여 이르되 다비다야 일어나라 하니 그가 눈을 떠 베드로를 보고 일어나 앉는지라 베드로가 손을 내밀어 일으키고 성도들과 과부들을 불러들여 그가 살아난 것을 보이니 온 욥바 사람이 알고 많은 사람이 주를 믿더라"(행 9:40-42).

예수께서 비유로 말씀하신 선한 사마리아인은 또 어떠한가요? 참된 이웃이 누구인지를 강론하시는 장면은 긍휼이 그저 감정적인 것만은 아님을 잘 보여줍니다.

어떤 사람이 예루살렘에서 여리고로 가다가 강도의 습격을 받습니다. 얼마나 맞았던지 그는 거의 죽을 지경에 처했습니다. 이때, 세 사람이 차례로 등장합니다. 첫 번째 사람은 '제사장'입니다. 그는 죽음의 문턱에 있는 가련한 자를 목격했지만, 일부러 다른 길을 택하여 지나갑니다. 두 번째 사람 '레위인도' 제사장과 같이 피해서 다른 길로 지나갑니다.

마지막으로 '사마리아' 사람이 등장합니다. 그는 당시에 유대인이 무시하고 천대하던 자입니다. 역사적 배경을 잠시 살펴보겠습니다. 사마리아는 북 이스라엘 민족의 수도이자 교통의 중심지였습니다. 그래서 그곳은 열강의 침입이 빈번했습니다. 인종 혼혈 정책에 따라 잡혼(Intermarriage)이 성행했고, 신앙의 순수성을 상실한 곳이었습니다. 그래서 유대 지역 사람들은 북쪽으로 여행할 때, 사마리아 지역을 통과하지 않고 우회해서 지나쳤습니다.

예수님이 말씀하시는 가엾은 희생자는 아마도 유대 사람이었을 것입니다. 하지만 유대인이었던 제사장과 레위인은 그를 피했습니다. 오직 사마리아인만 그 희생당한 가엾은 자를 실질적으로 돕습니다.

"어떤 사마리아 사람은 여행하는 중 거기 이르러 그를 보고 불쌍히 여겨 가까이 가서 기름과 포도주를 그 상처에 붓고 싸매고 자기 짐승에 태워 주막으로 데리고 가서 돌보아 주니라 그 이튿날 그가 주막 주인에게 데나리온 둘을 내어 주며 이르되 이 사람을 돌보아 주라 비용이 더 들면 내가 돌아올 때에 갚으리라 하였으니"(눅 10:33-35).

사마리아인이 유대 지역에 깊숙이 들어간다는 것은 매우 쉽지 않은 일입니다. 멸시와 조롱의 시선을 감내해야 하기 때문입니다. 하지만 자비로운 사마리아인은 유대인들의 적개심에 굴복하지 아니하고, 오직 불쌍한 한 사람에게만 집중합니다. 자기 시간과 노력과 비용, 세 가지 모두를 아끼지 않습니다.

"이 사람을 돌보아 주라 비용이 더 들면 내가 돌아올 때에 갚으리라"
(눅 10:35b).

만약 빚을 지게 될 경우, 그 비용까지 자신이 떠안겠다고 말합니다. 예수님은 물어보십니다.

"네 생각에는 이 세 사람 중에 누가 강도 만난 자의 이웃이 되겠느냐"(눅 10:36).

누가 참된 이웃입니까?

"이르되 자비를 베푼 자니이다 예수께서 이르시되 가서 너도 이와 같이 하라 하시니라"(눅 10:37).

당신은 현재 어떤 사람입니까? 제사장입니까? 레위인입니까? 아니면, 선한 사마리아인입니까? 당신은 사마리아인처럼 받을 것을 생각하지 않고 자기 평판을 의식하지 않으면서, 어려움에 처한 사람을 향해 긍휼을 베풀고 계십니까? 당신의 시간을 내어주고 계십니까? 에너지를 사용하고 계십니까? 하나님께서 허락하신 재정을 그들을 위해 사용하고 계십니까? 한번 돌아보시기를 바랍니다.

긍휼의 비결

그럼 우리는 어떻게 사마리아인과 같은 자가 될 수 있을까요? 이제 세 번째로 '긍휼의 비결'에 대해 살펴보도록 하겠습니다.

첫째, 참된 회개를 신실하게 해야 합니다. 예수님은 긍휼을 베풀기 위해서 먼저 의에 주리고 목이 말라야 한다는 것을 암시하십니다. 의에 주리기 위해서는 먼저 마음이 부드러워져야 합니다. 마음이 부드러워지기 위해서는 자기 죄에 대해 애통해야 합니다. 애통하기 위해서는 먼저 심령이 낮아져야 합니다.

> "하나님께서 구하시는 제사는 상한 심령이라 하나님이여 상하고 통회하는 마음을 주께서 멸시하지 아니하시리이다"(시 51:17).

예수님은 제자들에게 무엇을 알려주고 싶으셨던 것일까요? 산상수훈의 논리적인 순서와 전후 문맥을 보면 그리스도의 의도를 유추해 볼 수 있습니다. 그것은 바로 "회개 없는 긍휼은 불가능하다"는 것입니다.

당시 구제와 봉사와 십일조를 넘치도록 했던 바리새인은 스스로를 뿌듯해했습니다. 자기 자신을 긍휼한 자로 명명했습니다. 하루는 그들이 세례 요한을 찾습니다. 그런데 요한은 그들을 향해 소리칩니다. 그들을 강하게 책망합니다.

> "요한이 많은 바리새인들과 사두개인들이 세례 베푸는 데로 오는 것을 보고 이르되 독사의 자식들아 누가 너희를 가르쳐 임박한 진노를 피하라 하더냐 그러므로 회개에 합당한 열매를 맺고"(마 3:7-8).

자비로운 인격과 삶은 참된 회개의 열매입니다. 회개의 부재는 긍휼의 부재입니다. 죄에서 돌이켜 그리스도를 의존하지 않는 자는 겉으로 타인을 향한 연민의 모양은 있을지는 모르나, 실상은 자기 연민이라는 거짓된 긍휼을 좇을 뿐입니다. 예수님과 세례요한은 자기 죄에 대한 돌이킴 없이 헛된 자비를 추구하는 자들을 향해서 "독사의 자식들아 누가 너희를 가르쳐 임박한 진노를 피하라 하더냐"라고 책망하십니다.

복음주의 신학자인 존 스토트는 "회개하지 않으면 하나님의 긍휼과 죄 사함을 받을 수 없다"라고 말합니다. 회개하지 않는 것은 그리스도의 십자가에서 흘러나오는 숭고한 자비를 인정하지 않는 것과 같습니다. 회개를 거부하는 것은 우리를 불쌍히 여기시어 십자가 대속의 죽음을 감당하신 그리스도를 부정하는 것과 같습니다.

> "그가 범사에 형제들과 같이 되심이 마땅하도다 이는 하나님의 일에
> 자비하고 신실한 대제사장이 되어 백성의 죄를 속량하려 하심이라"
> (히 2:17).

예수님만큼이나 죄의 비참함을 잘 알고 계신 분이 있을까요? 죄의 결과의 끔찍함을 누구보다도 가장 잘 아시는 분이 예수님이십니다. 그래서 그리스도는 성육신하셨습니다. 그분의 인간 되심은 우리를 불쌍히 여기신다는 자비의 표현입니다. 주님은 당신을 대신해서

고난과 핍박과 조롱과 매 맞음을 당하셨습니다. 원수였던 당신을 인내로 동정하셨습니다. 우리 죄악의 최종 결과물이자 목적지인 지옥이 어떤 곳인지를 너무도 잘 아셨기 때문에, 당신을 대신해서 십자가에 매달려 죽음을 감당하셨습니다.

예수님만큼 당신을 불쌍히 여기는 분이 어디 있습니까? 십자가의 희생보다 더 큰 자비가 어디 있습니까? 회개는 그리스도의 긍휼을 인정하는 것입니다. 회개는 당신을 향한 주의 사랑을 받아들이는 것입니다. 당신의 비참한 현실을 바꾸실 수 있는 분은 오직 그리스도밖에 없다는 것을 진정으로 믿으십니까? 그렇다면 당신의 죄를 회개하십시오. 회개의 삶을 기쁨으로 감당하시기를 바랍니다.

둘째, 받은 용서가 무엇인지를 기억해야 합니다. 사랑을 받아본 자가 사랑할 수 있습니다. 용서를 받아 본 자가 용서를 할 수 있습니다. 긍휼을 입어본 자가 긍휼을 베풀 수 있습니다.

> "서로 친절하게 하며 불쌍히 여기며 서로 용서하기를 하나님이 그리스도 안에서 너희를 용서하심 같이 하라 그러므로 사랑을 받는 자녀같이 너희는 하나님을 본받는 자가 되고"(엡 4:32-5:1).

당신은 만 달란트 빚진 자와 백 데나리온 빚진 자의 비유를 잘 아실 것입니다. 만 달란트는 육천만 데나리온입니다. 곧 만 달란트 빚은 백 데나리온 빚보다 육십만 배 더 많은 빚을 의미합니다. 그런데 한 데나리온은 당시 일꾼의 하루 품삯 정도였다고 합니다. 요즘 돈으로 대략적으로 환산하면, 약 6조 원 대 1,000만 원 정도입니다. 헬라어에서 '만'은 숫자상 최고의 단위이며, 달란트 역시 당시 돈을 측량하는 무게의 최고 단위였습니다. 그렇기 때문에 사실상 만 달란트란 무한대 값이라고 말할 수 있습니다.

주인은 긍휼의 사람이었습니다. 만 달란트 빚진 자의 처지를 안타까워했습니다. 그래서 막대한 손해를 감수하고 그 엄청난 빚을 탕감해 주었습니다. 하지만 빚을 탕감 받은 종이 백 데나리온 빚진 자에게 어떻게 했습니까? 엎드려 간구하며 좀 참아달라, 인내해달라, 자비를 베풀어 달라 사정했던 동료의 청을 단칼에 거절하고, 옥에 가두어 버렸습니다. 이 소식을 들은 주인은 분노를 합니다.

> "내가 너를 불쌍히 여김과 같이 너도 네 동료를 불쌍히 여김이 마땅하지 아니하냐 하고 주인이 노하여 그 빚을 다 갚도록 그를 옥졸들에게 넘기니라. 너희가 각각 마음으로부터 형제를 용서하지 아니하면 나의 하늘 아버지께서도 너희에게 이와 같이 하시니라"(마 18:33-35).

당신이 그리스도의 십자가 공로로 말미암아 어떤 용서를 받았는지, 어떤 긍휼을 입었는지, 어떤 사랑을 받았는지 다시 한번 생각해 보시기를 바랍니다. 아들을 통해 밝히 보여주신 아버지의 자비하심을 다시 한번 생각해 보시기를 바랍니다.

당신이 만 달란트 빚을 탕감 받으셨다고 믿으신다면, 백 데나리온 빚쯤은 참아 줄 수 있지 않을까요? 물론 용서가 결코 쉽지 않다는 것을 잘 압니다. 연약한 우리 인생이 남을 용서하기란 어찌나 어려운지요. 우리는 본래 누군가를 용서할 수 없는 죄인입니다.

하지만 이제 용서의 길을 그리스도 예수 안에서 찾게 되었습니다. 당신이 그리스도의 십자가 사랑을 통해 용서를 경험했고 지금도 경험하고 있다면, 남을 용서할 수 있습니다.

사랑하는 그리스도인이여, 용서할 수 없을 것만 같은 자도 그리스도의 사랑으로 품으시기를 바랍니다. 사랑할 만한 사람에게만 사랑하지 마시고, 당신을 비방하는 자에게도 자비를 베푸시기 바랍니다. 아버지를 철저히 의존하셨던 아들 예수처럼, 심판을 아버지께 모두 맡기십시오. 복음의 능력으로 긍휼을 베푸시기 바랍니다.

그리스도를 거부하는 영혼을 외면하지 마시고, 그들을 진정 불쌍히 여기십시오. 우리는 누군가가 육신적으로 아프고 병들었다는 소식을 들으면 가슴이 아픕니다. 그가 만약 죽게 된다면, 더더욱 슬플 것입니다. 하지만 그리스도인은 거기서 멈추면 안 됩니다. 영적으로 죽은 자의 가련한 처지를 불쌍히 여길 수 있는 자는 오직 그리스도인뿐입니다.

그러므로 복음을 전하시기를 바랍니다. 그리스도를 전하시기를 바랍니다. 영혼을 귀하게 여기신다면, 죽어가는 영혼을 불쌍히 여기신다면, 그들에게 드리워진 어둠을 복음의 빛으로 환히 밝히시기를 바랍니다. 유다는 말합니다.

"어떤 자를 불에서 끌어내어 구원하라 또 어떤 자를 그 육체로 더럽힌 옷까지도 미워하되 두려움으로 긍휼히 여기라"(유 23).

그리스도 예수 안에 있는 성도만이 지옥으로 달려가는 자의 유일한 소망입니다. 믿지 않는 부모, 배우자, 자녀, 그리고 친구의 참된 희망은 복음을 소유한 당신입니다.

긍휼의 결과

끝으로 긍휼의 결과를 말씀드리고자 합니다. 자비의 주인이 하신 선포입니다.

"긍휼히 여기는 자는 복이 있나니 그들이 긍휼히 여김을 받을 것임이요"(마 5:7).

긍휼을 베풀고 계십니까? 하나님은 반드시 당신을 위로해 주실 것입니다. 긍휼의 손길로 당신의 지친 어깨를 토닥여 주실 것입니다. 자비로운 자에게는 주의 자비로우심을 나타내신다고 시편 18편 25절은 말씀합니다. 성령께서는 말할 수 없는 기쁨과 만족을 당신의 속사람 안에 풍성히 채우실 것입니다. 섭리 가운데 동역자들로부터 사랑과 위로를 받게 해주실 것입니다.

당신이 장차 가게 될 본향 천국을 바라보십시오. "하나님의 사랑 안에서 자신을 지키며, 영생에 이르도록 우리 주 예수 그리스도의 긍휼을 기다리라"고 유다서 21절은 말합니다. 끝 날에 따뜻한 긍휼의 팔로 당신을 꼭 안아주실 그리스도를 바라며, 약속의 말씀 붙들고, 하루하루를 주님의 영광을 위해 살아가시기를 바랍니다.

7.

마음이 청결한 자

마음이 청결한 자는 복이 있나니 그들이 하나님을 볼 것임이요(마 5:8)

당신은 기독교가 무엇이라 생각하십니까? 누군가가 당신에게 "기독교는 무엇입니까?"라고 물어본다면, 뭐라 대답하시겠습니까?

사실 이번 본문만큼 기독교를 잘 정의하고 있는 구절도 없는 것 같습니다. 예수님은 마태복음 5장 8절을 통해 신자와 불신자 모두에게 '기독교는 이것이다'라고 말씀하십니다.

"마음이 청결한 자는 복이 있나니 그들이 하나님을 볼 것임이요"(마 5:8).

왜 이 짧은 구절이 기독교의 본질을 잘 드러내는 것일까요?

우리는 산상수훈을 둘러싸고 있는 역사적 문맥을 다시 살펴볼 필요가 있습니다. 하나님의 백성인 이스라엘은 기름 부음을 받은 왕, 곧 메시아를 간절히 기다리고 있었습니다. 구약을 관통하는 핵심 주제인 '그리스도의 출현'은 유대인의 최대 관심사였습니다.

당시 유대인들은 명목상의 언약 백성, 곧 육신적인 할례의 증표를 자랑하며, 언약 백성이라는 신분에 사로잡혀 있었습니다. 선민의식에 도취되어 있었습니다. 하지만 정작 참된 회개를 한 번도 해본 적이 없었습니다. 다시 말해, 겉으로는 천국 백성인 듯 보였지만, 실상은 지옥을 향해 달려가고 있었던 것입니다. 거듭나지 않았던 대다수의 유대인들은 메시아를 자기 생각대로 해석하고 이해했습니다. 우리는 예수님의 초림의 목적과 재림의 목적을 구분해서 이해해야 합니다. 예수께서 2,000년 전에 이 땅에 오신 목적은 영적 메시아로서의 역할을 감당하시기 위함이었습니다.

하지만 영적으로 눈이 가려진 대다수의 유대인은 영적 메시아가 아닌 경제적, 군사적, 정치적, 사회적인 메시아를 원했습니다. 쉽게 말해서 자기만족을 채워줄 왕을 찾아 헤맸습니다. 과거 신정국가를 거부하며 사울을 왕으로 삼았던 자기 조상의 완악한 심령을 따랐으며, 자기의 소견에 옳은 대로 행했던 사사 시대의 패역한 조상의 길을 따라 걸었습니다.

존 맥아더 목사가 지적하듯이, 산상수훈이 선포된 때는 이스라엘 백성에게 암흑기였습니다. 그들은 정치적, 경제적, 사회적인 어둠을 경험하고 있었습니다. 로마의 압제 속에 있었기 때문입니다. 하지만 유대 백성이 직면한 진정한 어둠은 물리적인 것이 아니었습니다. 영적인 것이었습니다. 어둠의 장소는 이스라엘 땅이 아니었습니다. 어둠의 처소는 영적으로 눈이 가려질 대로 가려진 유대인의 완악한 마음이었습니다.

바울은 말합니다.

> "유대인이라 불리는 네가 율법을 의지하며 하나님을 자랑하며 율법의 교훈을 받아 하나님의 뜻을 알고 지극히 선한 것을 분간하며 맹인의 길을 인도하는 자요 어둠에 있는 자의 빛이요 율법에 있는 지식과 진리의 모본을 가진 자로서 어리석은 자의 교사요 어린아이의 선생이라고 스스로 믿으니"(롬 2:17-20).

바울은 이렇게 말하는 듯 보입니다. "스스로 의롭다고 믿는 자들이여. 눈을 밝히 뜨고 있다고 착각하는 자들이여. 선과 악을 분별하고 있다고 굳게 믿는 자들이여. 율법을 밝히 보고 이해하며 실천하고 있다고 주장하는 자들이여. 하나님의 뜻을 알아 청결하고 거룩한 삶을 살고 있다고 스스로 믿는 가련한 자들이여."

예수님이 사역하시던 시절 이스라엘 백성의 영적 상태는 정말 처참했습니다. 특별히 종교지도자는 더더욱 그러했습니다. 소경인 종교지도자의 인도를 받은 유대 백성의 상태도 처참했습니다. 거룩이 무엇인지 알지 못한 채, 거짓된 거룩을 향해 달려가고 있던 그들에게 예수님은 말씀하십니다.

> "마음이 청결한 자는 복이 있나니 그들이 하나님을 볼 것임이요"(마 5:8).

당신은 거룩이 무엇이라고 생각하십니까? 본문을 통해, 참된 기독교와 참된 거룩에 대해 살펴보도록 하겠습니다.

마음

먼저 마음이라는 단어를 봅시다. 마음이라는 단어의 헬라어 원어는 "카르디아"입니다. 구약에서 사용된 히브리어 "레브"와 동일한 의미입니다. 하지만 두 단어 사이에는 약간의 차이가 존재합니다. "레브"라는 명사는 사람의 장기 기관을 가리키기도 합니다. 사무엘하 18장 14-15절을 보면, 요압이 압살롬의 심장을 찔러 죽이는 장면이 나옵니다. 이때, 마음 "레브"는 압살롬의 심장을 가리킵니다. 그리고 열왕기하 9장 24절에서, 예후가 아합의 아들 요람에게 화살을 당겼을 때, 화살이 요람의 염통을 뚫고 나왔다고 말합니다. 이때 "레브"가 또 사용되었습니다.

하지만 신약에 사용된 헬라어 "카르디아"는 인간의 내면세계와 깊이 관련되어 있습니다. 155번의 사용 중 대부분이 그러합니다. 이를 볼 때, 예수님은 인간의 외면이 아닌 내면에 집중하고 계시다고 말하는 것은 타당합니다.

주님은 의도적으로 마음의 청결함을 다섯 번째 복과 일곱 번째 복 사이에 위치시키셨습니다. 긍휼을 베푸는 것과 화평을 도모하는 것은 의지를 요구합니다. 그러나 이 둘 사이에 마음의 청결을 말씀하심으로, 자칫 행위주의에 빠질 수 있는 연약한 우리 인간에게 기독교의 본질을 다시 상기시켜 주십니다.

마음에 대해 더 살펴보겠습니다. 마음은 우리 '내면의 방'입니다. 마음이라는 '방'은 좁지 않습니다. 얕지 않습니다. 매우 크고 넓고 깊어서 우리 스스로는 절대 가늠할 수 없습니다. 스스로 측량할 수 없습니다. 따라서 이 방은 거대한 우주라고 말하는 것이 더 정확해 보입니다.

그런데 이 거대한 우주에는 세 개의 의자가 놓여있습니다. 생각과 감정과 의지가 그것입니다. 각각의 의자 또한 너무도 크고 넓어서 한 의자 안에서 여러 가지 것들이 공존해 있습니다.

생각이라는 의자에는 지식에 대한 관찰, 묵상, 이해, 깨달음, 비판적 사고 등이 놓여 있습니다.

감정이라는 의자에는 지식적 이해를 동반한 느낌, 감동, 슬픔, 낙심, 좌절, 우울, 환희, 소망 등이 자리하고 있습니다.

마지막은 생각과 감정의 최종 단계인 의지입니다. 의지라는 의자 안에는 인내, 용서, 충성, 절제, 순종, 죽기까지 복종과도 같은 의지적인 행동이 자리하고 있습니다.

이 세 개의 의자는 분리되어 있지 않습니다. 긴밀히 연결되어 있고 발전적입니다. 지식적 이해와 감정이 의지적인 반응으로 발전하게 되었을 때, 우리는 그것을 '믿음'이라고 부릅니다.

그래서 마음은 눈에 보이지 않지만, 가장 확실한 '나'입니다. 마음이야말로 진정한 나 자신입니다. 그래서 솔로몬은 조언합니다.

"모든 지킬 만한 것 중에 더욱 네 마음을 지키라 생명의 근원이 이에서 남이니라"(잠 4:24).

우리가 생각하는 것, 느끼는 것, 행동하는 것은 우리 마음의 상태에 달려 있습니다. 그래서 영적 파수꾼이 되어 마음을 지키고 보호해야 합니다. 마음의 반영은 우리 인격과 삶이기 때문입니다.

또한 마음은 도덕의 컨트롤 타워인 양심의 처소이기 때문에 더욱 지키고 보호해야 할 의무가 있습니다. 구원 여부와 상관없이, 모든 사람은 옳고 그름을 판별할 수 있는 조건을 가지고 태어납니다. 그래서 바울은 율법 없는 이방인에게 양심은 율법과 같은 역할을 한다고 말합니다.

> "율법 없는 이방인이 본성으로 율법의 일을 행할 때에는 이 사람은 율법이 없어도 자기가 자기에게 율법이 되나니 이런 이들은 그 양심이 증거가 되어 그 생각들이 서로 혹은 고발하며 혹은 변명하여 그 마음에 새긴 율법의 행위를 나타내느니라"(롬 2:14-15).

모든 사람이 자신의 죄에 대해 하나님께 핑계할 수 없는 것은 양심이 율법의 대리자 역할을 하기 때문입니다.

더 나아가 봅시다. 마음은 결코 중립이 없습니다. 선한 지식을 좇든 악한 지식을 좇든, 반드시 한 쪽을 선택합니다. 그로 인해 선한 감정을 품든 악한 감정을 품든, 둘 중 한 감정의 처소에 거주합니다. 그러므로 선한 의지로 반응하든 악한 의지로 반응하든, 반드시 둘 중에 한 길로 달음박질하기 마련입니다. 중간지대는 존재하지 않습니다. 그래서 우리는 더욱 힘을 다해 마음을 지키고 보호해야 합니다.

그런데 질문이 생깁니다. 어떻게 마음을 지키고 보호해야 합니까? 답은 거룩과 관련이 있습니다. 곧 정결을 무기로 우리 내면을 지켜 보호해야 합니다. 예수님은 말씀하십니다.

"마음이 청결한 자는 복이 있나니"(마 5:8a).

지금의 논의를 더 잘 이해하기 위해서는 청결이라는 단어를 깊이 알 필요가 있습니다. 청결이 무엇인지 알게 될 때, 마음을 가꾸고 지켜 보호하는 방법을 더욱 깨달을 수 있기 때문입니다.

청결

청결의 헬라어 단어 "카타로스"는 "섞이지 않은, 혹은 순수한"이라는 뜻입니다. 마치 불순물이 제거된 순금과 같이 다른 무엇과도 섞이지 않은 고유한 상태를 지칭합니다. 투명한 물에 잉크 한 방울만 떨어져도 탁해지지 않습니까? 카타로스의 청결은 완전히 깨끗한 물의 상태와 같습니다.

또한 카타로스의 청결은 "둘로 갈라지지 않은"이라는 뜻입니다. 우리의 두 눈이 한 대상에 온전히 집중하는 상태로, 나뉘지 않은 마음(Single Heart), 곧 한마음을 뜻합니다. 산상수훈의 주인께서는 그래서 돈과 하나님을 동시에 섬길 수 없다고 말씀하십니다.

"한 사람이 두 주인을 섬기지 못할 것이니"(마 6:24).

예를 들어 어떤 나라의 신하가 있습니다. 그는 지혜와 실력이 출중합니다. 그래서 다른 나라의 왕이 능력과 지혜가 있는 그 신하를 자신의 사람으로 만들기 위해 마음을 끄는 갖가지 제안을 합니다. 하지만 신하는 자기 왕을 배신할 수 없다고 말하며, 모든 제안을 단호하게 뿌리칩니다. 이 충신과 같이 다른 데 시선을 빼앗기지 않고, 오직 자기 왕에게만 온전히 충성하고자 하는 정신이 바로 '청결한 마음'입니다.

목사(감독, 장로)가 되는 조건의 첫 번째 항목은 "한 아내의 남편"이 되는 것입니다.

"감독은 책망할 것이 없으며 한 아내의 남편이 되며"(딤전 3:2).

이러한 뜻을 내포하고 있습니다. "자기 아내를 향한 충성과 헌신을 다른 여자에게 옮기지 않는 자가 영적인 집(교회)도 잘 다스릴 수 있다." 자기 아내를 제대로 사랑하지 않는데, 어떻게 하나님이 맡겨 주신 양을 진실하게 사랑할 수 있겠습니까? 그것은 불가능합니다.

그래서 예수께서 말씀하시는 마음의 순수함은 사랑해야만 하는 대상에 신실하고, 진실하게 집중하는 것이라고 말할 수 있습니다.

갈라디아 교회의 문제는 하나의 좋은 예입니다.

"그리스도의 은혜로 너희를 부르신 이를 이같이 속히 떠나 다른 복음을 따르는 것을 내가 이상하게 여기노라"(갈 1:6).

바울은 교인들이 은혜로 부르신 이를 속히 떠났다고 말합니다. 은혜의 복음을 떠난 행위는 복음의 주인에게서 등을 돌린 것과 같습니다. 율법주의라는 다른 복음을 섬긴 것은 곧, 다른 주인에게 마음을 주는 것과 같습니다. 배신 행위, 즉 충성을 옮기는 것을 의미합니다. 그래서 바울은 갈라디아 교인의 마음이 둘로 나누어져 있다고 진단합니다.

갈라디아 교인은 마음으로 간음을 일삼고 있었습니다. 간음은 배우자 이외에 다른 사람을 은밀히 자기 마음에 품고, 애정을 쏟는 행위를 말합니다. 그러므로 남편이신 그리스도 예수에게서 떠나 다른 대상에게 충성하는 자가 마음이 불순한 자, 곧 간음 자입니다.

주님은 말씀하십니다.

"나는 너희에게 이르노니 음욕을 품고 여자를 보는 자마다 마음에 이미 간음하였느니라"(마 5:28).

야고보는 또한 말합니다.

"죄인들아 손을 깨끗이 하라 두 마음을 품은 자들아 마음을 성결하
게 하라"(약 4:8).

두 마음은 결코 합리적인 마음이 아닙니다. 두 마음은 인생의 경
험이 많아 여러 가지를 복합적으로 고려하고 판단하는 성숙한 마음
이 아닙니다. 되려 죄인의 오염된 심령이며, 변절한 신하의 불의한
마음이며, 음란을 사모하는 자의 거짓된 사랑입니다.

앞에서 했던 질문을 다시 묻습니다. 기독교란 무엇입니까? 거룩
은 무엇입니까? 기독교는 섞이지 않은 마음, 곧 한마음을 추구하는
종교입니다. 기독교의 거룩은 그리스도 예수만을 주인으로 모시고
자 하는 자의 진실한 심령입니다. 청결한 마음이 잉태한 구별된 삶
의 열매가 바로 기독교의 거룩입니다.

따라서 외적 거룩만을 참된 청결이라 여겼던 바리새인에게 산상
수훈의 선포는 그들의 전 인생을 부정하는 선포였을 것입니다. 누구
보다도 열심히 제사를 드리고, 선행하며, 더 많은 십일조를 내고, 봉
사했던 바리새인에게 먼저 마음을 깨끗게 하라고 요구하신 예수님

의 말씀은 자기를 부정하는 자리로 그들을 인도했을 것입니다.

바리새인과 같이 거짓된 종교 시스템 아래 속한 자 모두는 두 길 중 한 길을 반드시 선택해야 합니다. 산상수훈의 메시지를 들으면서 자기 자신을 부정하든지 아니면 그리스도를 부정하든지 둘 중 하나를 택해야 합니다. 자기를 부인하는 자에게 그리스도는 그의 의가 되어 주시고 삶이 되어 주십니다. 하지만 그리스도를 부인하는 자는 불의한 삶에 계속 머물 뿐입니다.

바리새인 종교 시스템의 표어는 '나는 스스로 할 수 있다'입니다. 자기 부정(self-denial) 없이 행복을 얻을 수 있다고 말합니다. 하지만 세상의 모든 인본주의적 종교가 다 그러합니다. 그들 모두는 '내 힘으로 할 수 있다. 내가 하나님을 만족시킬 수 있다. 그분의 의의 기준을 충족시킬 수 있다. 나의 지혜와 능력으로 여호와의 거룩한 산에 오를 수 있다'라고 주장합니다. 즉 스스로 천국을 취할 수 있다고 외칩니다. 하지만 이는 '나는 하나님 앞에 죄인인 적이 없다'라고 말하는 것과 같습니다.

다윗은 그들을 향해 질문합니다.

> "여호와의 산에 오를 자가 누구며 그의 거룩한 곳에 설 자가 누구인가?"(시 24:3).

누가 거룩하신 여호와가 계신 산에 오를 수 있을까요? 다시 말해 누가 천국에 들어갈 수 있을까요? 다윗은 대답합니다.

> "손이 깨끗하며 마음이 청결하며 뜻을 허탄한 데에 두지 아니하며 거짓 맹세하지 아니하는 자로다 그는 여호와께 복을 받고 구원의 하나님께 의를 얻으리니"(시 24:4-5).

다윗은 또 이렇게 말합니다.

> "하나님이여 내 속에 정한 마음을 창조하시고 내 안에 정직한 영을 새롭게 하소서"(시 51:10).

다윗은 자기 마음을 스스로 깨끗하게 할 수 있다고 생각하지 않았습니다. 자기 자신에게서 영적 깨끗함의 답을 찾으려 하지 않았습니다. 자기 자신뿐만 아니라, 다른 인생에게서 여호와의 의로운 산에 올라갈 수 있는 비결을 구하려 하지 않았습니다. 다윗은 하나님에게로 눈을 돌릴 뿐이었습니다.

다윗은 지금 이렇게 말하고 있습니다. "창조주시여. 제 속에 깨끗한 마음을 창조하여 주시옵소서. 저의 거짓되고 부패한 마음을 성령의 능력으로 정결케 하여 주시옵소서. 진실한 마음을 제 안에 새롭게 심어 주시옵소서. 오직 주님만 그렇게 하실 수 있나이다.”

우주와도 같은 광활한 마음의 세계를 우리는 절대 헤아릴 수 없습니다. 오직 여호와만 하실 수 있습니다. 곧 중심을 모두 꿰뚫어 보시는 여호와 하나님만이 당신의 내면을 깨끗하게 청소하실 수 있습니다.

따라서 예수께서 선포하시는 마음이 청결한 자는 하나님을 전심으로 의지하는 사람입니다. 이러한 자는 자기를 부인합니다. 다윗과 같이 자기를 부정하며, “주여 저를 도우소서. 이 더러운 죄인을 말갛게 씻어 주시옵소서”라고 요청합니다. 이러한 자가 산상수훈의 오늘 말씀을 더 깊이 깨닫고 감동하며 순종할 수 있습니다.

자기 부인은 철학적인 관념주의나 실체 없는 감상주의가 아닙니다. 자기 부인은 그리스도의 십자가를 붙드는 것입니다. 자기 죄를 회개하고, 예수님을 신뢰하는 것입니다. 진실하게 믿는 것입니다.

“믿음으로 그들의 마음을 깨끗이 하사”(행 15:9).

“믿음으로 말미암아 그리스도께서 너희 마음에 계시게 하시옵고”(엡 3:17).

자기를 부인하는 것은 실제 당신의 죄를 대신 짊어지신 그리스도의 보혈을 의존하는 것입니다. 히브리서 기자는 이 진리를 선포합니다.

> "염소와 황소의 피와 및 암송아지의 재를 부정한 자에게 뿌려 그 육체를 정결하게 하여 거룩하게 하거든 하물며 영원하신 성령으로 말미암아 흠 없는 자기를 하나님께 드린 그리스도의 피가 어찌 너희 양심을 죽은 행실에서 깨끗하게 하고 살아계신 하나님을 섬기게 하지 못하겠느냐"(히 9:13-14).

> "율법을 따라 거의 모든 물건이 피로써 정결하게 되나니 피 흘림이 없은즉 사함이 없느니라"(히 9:22).

동물의 피는 그리스도의 순결하고 거룩한 피의 예표입니다. 첫 언약(모세 율법)이 피 없이 세운 것이 아니듯이, 새 언약(십자가 복음)도 그러합니다. 그러나 옛 언약과는 다르게 새 언약의 피는 완전하고 영원한 속죄를 보장합니다. 그리스도 예수의 십자가 보혈의 능력만이 당신의 오염되고 나누어진 마음을 새롭게 할 수 있습니다.

히브리서 기자는 말합니다.

> "형제들아 우리가 예수의 피를 힘입어 성소에 들어갈 담력을 얻었나

니 그 길은 우리를 위하여 휘장 가운데로 열어 놓으신 새로운 살 길이요 휘장은 곧 그의 육체니라 또 하나님의 집 다스리는 큰 제사장이 계시매 우리가 마음에 뿌림을 받아 악한 양심으로부터 벗어나고 몸은 맑은 물로 씻음을 받았으니 참 마음과 온전한 믿음으로 하나님께 나아가자"(히 10:19-22).

즉 예수님의 보혈을 통해서만, 참 마음과 온전한 믿음으로 아버지께 나아갈 수 있습니다.

청결한 자가 하나님을 볼 것이요

당신은 스스로 깨끗해질 수 있다고 믿습니까? 아니면 스스로는 깨끗해질 수 없다고 믿습니까? 자신에게 정결의 소망을 두고 계십니까? 아니면 예수 그리스도께 정결의 소망을 두고 계십니까?

주님은 우리에게 선포하십니다. 마태복음 5장 8절 말씀입니다.

"마음이 청결한 자가 복이 있나니 그들이 하나님을 볼 것임이요"

"하나님을 볼 것임이요." 동사의 시제는 미래형입니다. 성도는 장차 신령한 몸으로 부활할 것입니다. 그때 신령한 눈을 가지고 영광스러운 하나님을 온전히 보게 될 것입니다.

"사랑하는 자들아 우리가 지금은 하나님의 자녀라 장래에 어떻게 될지는 아직 나타나지 아니하였으나 그가 나타나시면 우리가 그와 같을 줄을 아는 것은 그의 참모습 그대로 볼 것이기 때문이니"(요일 3:2).

하지만 당신이 참된 믿음의 사람이라면, 지금 이 땅에서도 믿음의 눈으로 하나님을 볼 수 있습니다. 그리스도 예수 안에서 거룩하신 하나님을 볼 수 있습니다. 바울은 말합니다.

"어둠 속에 빛이 비쳐라 하고 말씀하신 하나님께서 우리의 마음 속을 비추셔서 예수 그리스도의 얼굴에 나타난 하나님의 영광을 아는 지식의 빛을 우리에게 주셨습니다"(고후 4:6, 새번역).

아버지 하나님의 은혜는 측량할 수 없습니다. 죄인이었던 우리 마음의 눈을 뜨게 하셨습니다. 죄를 미워하게 하셔서 회개하지 아니할 수 없게 하셨습니다. 그래서 그리스도 예수를 믿는 은혜를 허락하셨습니다. 아들의 보혈로 우리의 더러운 내면을 씻겨 주셨고, 지금도 계속 씻어 주고 계십니다. 왜 이러한 복을 내려 주십니까? 그 이유는 우리와 친밀한 교제를 하기 원하시기 때문입니다.

사랑하는 그리스도인이여, 죄에서 멀어지십시오. 혹시 현재 두 마음을 품고 계십니까? 두 주인을 섬기고 계십니까? 야고보가 당신에게 하는 사랑의 권면을 가볍게 여기지 마십시오.

> "하나님을 가까이 하라 그리하면 너희를 가까이 하시리라 죄인들아 손을 깨끗이 하라 두 마음을 품은 자들아 마음을 성결하게 하라"(약 4:8).

죄와 가까운 벗이 될수록, 복음에 나타난 아버지의 영광은 우리의 시야에서 멀어질 것입니다.

> "만일 우리가 우리 죄를 자백하면 그는 미쁘시고 의로우사 우리 죄를 사하시며, 우리를 모든 불의에서 깨끗하게 하실 것이요"(요일 1:9).

주의 말씀에 순종하시기를 바랍니다.

또한 말씀 묵상을 소홀히 하지 마십시오. "물로 씻어 말씀으로 깨끗하게 하사 거룩하게 하신다"고 에베소서 5장 26절에서 말씀하니다. 말씀은 당신의 속사람을 깨끗하게 하는 최고의 영적 수단입니다.

마지막으로, 예수님의 보혈에 힘입어 아버지를 만나러 기도의 처소로 들어가십시오. 악한 양심에서 꺼내 주실 하나님을 기도로 만나시기를 바랍니다. 당신의 마음속에 있는 것을 아버지께 다 털어놓으십시오.

그때 자책은 눈 녹듯이 사라지고, 선한 마음과 양심이 당신을 새롭게 맞이할 것입니다. 거룩한 동기가 당신의 가슴을 휘감을 것입니다. 영광의 주를 위해 다시 내 삶을 드리겠노라 고백하는 자신을 발견할 것입니다.

8.

화평하게 하는 자

화평하게 하는 자는 복이 있나니 그들이 하나님의 아들이라 일컬음을
받을 것임이요(마 5:9)

평화의 반대말은 무질서, 권위 없음, 불일치, 부조화, 분열, 대립,
싸움, 전쟁 등입니다. 우리 모두는 갈등보다 평화를 원합니다. 그리
스도인이든 그리스도인이 아니든, 모두 평안한 삶과 원만한 관계를
원합니다.

하지만 우리가 경험하는 세상은 그렇지 않습니다. 육신의 정욕과
안목의 정욕과 이생의 자랑이 교리 체계인 '세상'은 예나 지금이나
분열과 대립을 부추깁니다.

사람들은 점점 일치보다는 불일치를, 조화보다는 부조화를 숭배

합니다. 연합, 안정, 평안과는 정반대의 삶을 추구하는 요즘의 세상 문화를 봅니다. 실례로 가정이 쉽게 깨지는 현상이 그러합니다. 사탄은 교묘하게 자기의 정체성, 곧 분열의 정신을 자기 아들들에게 주입하여 싸움이 난무하는 세상을 건설하도록 그들을 강하게 훈련하고 있습니다. 따라서 모순적이게도, 사람들은 평화를 외치지만 평화는 점점 그들 삶에서 멀어지고 있습니다.

그런데 산상수훈이 선포되던 시기도 별반 다르지 않았습니다. 로마의 지배권 아래 있던 유대인은 정치적, 사회적, 문화적으로 혼란한 상태였습니다. 종교적 상황은 어땠습니까? 불안 그 자체였습니다. 하나님의 말씀은 인간의 전통으로 대체되었고, 인간의 율법주의는 하나님의 율법 행세를 했습니다. 가슴을 찌르는 회개의 메시지는 당시 종교지도자가 극도로 싫어하는 설교였습니다.

그래서 사람들은 참된 거룩을 알지 못한 채, 거짓된 거룩을 좇아 회칠한 무덤 같았습니다. 인간적인 열심으로 의로운 신분을 획득할 수 있다는 다른 복음이 유대 사회를 지배하고 있었던 것은 어쩌면 당연해 보입니다.

분열과 대립, 그리고 잦은 싸움의 소용돌이 속에 방황하고 있던 가련한 유대 백성에게 그리스도는 말씀하십니다. '평화가 여기 있노라' 하십니다.

"화평하게 하는 자는 복이 있나니 그들이 하나님의 아들이라 일컬음을 받을 것임이요"(마 5:9).

예수님은 화평한 성품을 가진 자가 복이 있다고 말씀하지 않으십니다. 대신 '화평하게 하는 자'가 복이 있다고 말씀하십니다. 곧 화평을 위해 무언가를 실질적으로 행하는 자가 복이 있다고 하십니다.

화평의 원천

화평은 화목하고 평화롭다는 뜻을 가진 단어입니다. 보통 화목과 평화는 개인 간의 혹은 국가 간의 관계에서 발견되는 가치입니다.

"하솔 왕 야빈과 겐 사람 헤벨의 집 사이에는 화평이 있음이라"(삿 4:17).

곧 화평이란, 둘 사이 관계가 적대적이지 않는 상태를 말하며, 서로의 연합으로 말미암아 조화와 안정을 이루는 상태를 지칭합니다.

본문의 "하나님의 아들"이라는 표현은 '하나님을 닮은 자'라는 의미입니다. 그런데 성경은 하나님을 평강의 하나님이라 명명합니다.

"평강의 하나님께서 너희 모든 사람과 함께 계실지어다 아멘"(롬 15:33).

"평강의 하나님께서 속히 사탄을 너희 발 아래에서 상하게 하시리라 우리 주 예수의 은혜가 너희에게 있을지어다"(롬 16:20).

"하나님은 무질서의 하나님이 아니시요 오직 화평의 하나님이시니라"(고전 14:33).

또한 하나님이신 성령께서 성도에게 주시는 열매 중에 화평이 있다는 것은 그리 놀랄 일이 아닙니다.

"오직 성령의 열매는 사랑과 희락과 화평과…"(갈 5:22).

하나님의 나라도 마찬가집니다.

"하나님의 나라는 먹는 것과 마시는 것이 아니요 오직 성령 안에 있는 의와 평강과 희락이라"(롬 14:17).

그러므로 우리가 먼저 주목해야 할 사실은 화평은 하나님의 고유한 성품이며, 하나님에게서 흘러나오는 영적인 복이라는 것입니다. 화평의 원천은 하나님이십니다. 화평의 원인은 하나님이십니다. 화평의 시작은 하나님이십니다. 즉 진정한 평화는 사람이 만들어 낼 수 없습니다. 평화는 하늘의 은총입니다. 화평하게 하는 자에 대한 올바른 이해는 이 사실로부터 출발해야 합니다.

민수기를 보시면 하나님께서 모든 복의 근원이신 자신의 속성을 밝히십니다. 이 사실에 관해, 하나님은 모세에게 아론을 통해 이스라엘 백성에게 선포하고 축복하도록 명령하십니다.

> "여호와는 네게 복을 주시고 너를 지키시기를 원하며 여호와는 그의 얼굴을 네게 비추사 은혜 베푸시기를 원하며 여호와는 그 얼굴을 네게로 향하여 드사 평강 주시기를 원하노라 할지니라 하라 그들은 이같이 내 이름으로 이스라엘 자손에게 축복할지니 내가 그들에게 복을 주리라"(민 6:24-27).

여호와는 '지키시고 은혜를 베푸시며 평강 주시기를 원하시는' 미쁘신 아버지이십니다. 자녀에게 항상 복 주시기를 원하시는 분이십니다. 아버지는 당신에게 영육 간의 안정과 평안이라는 복을 항상 주시기를 원하십니다. 당신이 삶에서 평강을 누리고 만끽하기를 원하십니다.

바울 또한 이 사실을 잘 알고 있었습니다. 그래서 그의 서신은 대부분 이러한 문구로 시작합니다. "하나님 우리 아버지와 주 예수 그리스도로부터 은혜와 평강이 있기를 원하노라." 바울의 마음을 생각해 봅니다. "나의 사랑하는 형제자매여, 평강은 하나님의 은혜로 말미암는다. 하나님이 평강의 원천이시다. 하나님은 너희에게 화평의 복을 은혜 가운데 주시기를 바라신다."

예수께서 말씀하십니다.

> "화평하게 하는 자는 복이 있나니 그들이 하나님의 아들이라 일컬음을 받을 것임이요"(마 5:9).

평화가 그리스도 안에만 있는 이유

그렇다면 화평한 자는 누구일까요? 화평한 자는 그리스도 예수입니다. 그리고 그리스도를 믿는 천국 백성입니다. 예수님이 화평한 자이시며, 그리스도를 통해 아버지를 닮을 수 있게 된 믿음의 자녀가 그러합니다. 화평을 만들어 낼 수 있는 자는 오직, 그리스도 예수와 그리스도의 제자뿐입니다.

세상도 평화를 노래합니다. 그래서 인종차별이나 내전, 혹은 국가 간의 전쟁을 반대하기 위해 대규모 시위도 벌입니다. 거짓 종교 단체도 평화를 노래합니다. 한국의 통일교나 불교도 그러합니다. 하지만 참된 화목과 평화는 오직 그리스도 예수 안에서만 발견됩니다.

진정한 화평은 예수 그리스도 안에만 존재합니다. 두 가지 이유를 말씀드리겠습니다.

우리의 죄가 해결되어야 얻을 수 있기 때문

첫째, 참된 화평은 죄가 해결되어야 얻을 수 있기 때문입니다. 평화를 깨는 주범은 갈등과 싸움입니다. 그런데 갈등과 싸움의 근본 원인은 '죄'입니다. 곧 싸움과 분열은 죄가 낳은 장자입니다. 죄의 맏아들입니다. 죄는 이미 어머니 태에서부터 우리 내면을 장악했습니다. 죄는 날 때부터 우리로 전쟁을 사모하는 자가 되게 하였습니다. 싸움을 배웠기 때문에 싸우는 것이 아니라, 이미 싸움꾼으로 태어났기 때문에 싸우는 것입니다.

그리스도가 평화를 가져오신 분이라면, 죄와 사탄은 전쟁을 가져온 장본인입니다. 그래서 크든 작든, 긴장과 갈등과 분열은 모든 인생의 짝이 되어 버렸습니다. 야고보는 말합니다.

> "너희 중에 싸움이 어디로부터 다툼이 어디로부터 나느냐 너희 지체 중에서 싸우는 정욕으로부터 나는 것이 아니냐"(약 4:1).

야고보가 말하는 것처럼, 싸움은 우리 내면의 정욕으로부터 나며 이는 죄가 만든 작품입니다. 죄는 살인을 낳고 사망을 낳습니다. 그런데 죄의 가장 악한 열매는 영적 사망입니다. 곧 하나님과 관계가 완전히 끊어져 버리는 영적 단절이 죄가 낳은 최고로 악한 열매입니다.

죄가 무엇입니까? 죄는 주권자의 권위에 정면으로 도전하는 반역입니다. 죄는 하나님의 말씀을 왜곡하고 뒤틀어서 자기 소견에 옳은 대로 이해하고 삶에 적용하는 불순종입니다. 죄는 하나님의 영광스러운 뜻을 의도적으로 거부하고, 자기 영광만을 위해 삶을 낭비하는 것입니다. 그래서 죄는 하나님을 항상 거부하고 반대합니다.

죄는 모든 인생을 하나님의 영광으로부터 멀리 달아나게 만듭니다. 죄는 하나님과 인간 사이의 평화를 깨부수는 주범입니다. 그러므로 모든 인생이 직면한 진정한 문제는 상황의 분열이 아닙니다. 다른 사람과의 관계가 소원해짐이 아닙니다. 모든 인생이 직면한 최고의 문제는 하나님과의 교제 없음이며, 화목 없음이며, 평화 없음입니다. 주권자와의 단절이 모든 인생의 최대 문제입니다.

산상수훈의 주인께서 평화를 선포하심을 주목하시기 바랍니다.

"화평하게 하는 자가 복이 있나니"(마 5:9a).

예수님은 복의 주인이십니다. 예수님은 가련한 인생에게 화평의 복을 주기 위해, 죄인의 대표자 되기를 자처하셨습니다.

왜 그렇게 하셨습니까? 예수님만이 우리의 죄를 해결할 수 있는 분이셨기 때문입니다. 완전히 산산조각이 났던 영적 평화의 유리조각들을 온전하게 회복하실 수 있는 분은 오직 예수님뿐이시기 때문입니다. 바울은 말합니다.

"예수는 우리가 범죄한 것 때문에 내줌이 되고 또한 우리를 의롭다 하시기 위하여 살아나셨느니라 그러므로 우리가 믿음으로 의롭다 하심을 받았으니 우리 주 예수 그리스도로 말미암아 하나님과 화평을 누리자"(롬 4:25-5:1).

당신은 예수께서 당신의 범죄 때문에 십자가 죽으심에 내준 바 되신 것을 믿으십니까? 당신을 의롭다 하시기 위해 죽음에서 살아나셨다는 것을 믿으십니까? 예수님은 이미 십자가를 통해 당신의 죄를 모두 해결하셨습니다. 예수님은 이미 십자가를 통해, 하나님과 화평을 누릴 수 있는 모든 조건을 성취해 놓으셨습니다. 문제는 우리가 이 사실을 받아들이느냐 받아들이지 않느냐입니다. 그리스도를 자신의 구세주로 영접하느냐 하지 않느냐에 달려 있습니다.

평화는 희생을 요구하기 때문

둘째, 진정한 화평이 그리스도 안에만 존재하는 이유는, 참된 평화는 희생의 대가를 요구하기 때문입니다. 십자가의 제물이 되신 그리스도를 떠올려 보시기를 바랍니다. 그리스도 예수는 화평의 제물이 되셨습니다. 요한은 말합니다.

> "하나님이 우리를 사랑하사 우리 죄를 속하기 위하여 화목제물로 그 아들을 보내셨음이라"(요일 4:10).

하나님 아버지의 거룩의 불, 곧 진노의 불은 오직 죄 없으신 예수께서만 끄실 수 있습니다. 아버지의 공의의 잔, 곧 진노의 잔은 오직 거룩하신 예수께서만 마실 수 있습니다.

그러므로 신자가 누리는 하나님과의 화목은 그리스도의 목숨 값으로 사신 값비싼 평강입니다. 하나님과 누리는 영적 연합과 친밀한 교제는 주 예수의 숭고한 희생에 의한 결과물입니다.

바울은 말합니다.

> "그는 우리의 화평이신지라 둘로 하나를 만드사 원수 된 것 곧 중간에 막힌 담을 자기 육체로 허시고 법조문으로 된 계명의 율법을 폐하셨으니 이는 이 둘로 자기 안에서 한 새사람을 지어 화평하게 하

시고 또 십자가로 이 둘을 한 몸으로 하나님과 화목하게 하려 하심이라 원수된 것을 십자가로 소멸하시고"(엡 2:14-16).

여기에서 "둘"은 유대인과 이방인을 말합니다. 율법을 소유했던 유대인과 율법이 없던 이방인이 하나가 될 수 있었던 것은 그리스도의 십자가 희생 덕분이라고 성경은 말합니다. 무엇을 알 수 있습니까? 유대인이든 이방인이든, 율법을 소유했든 소유하지 않았든, 그러한 조건은 화목하게 하는 데 전혀 효력이 없었습니다. 그들 모두는 본래 하나님의 원수일 뿐이었습니다. 그들 모두는 화목을 위해, 오직 그리스도 예수의 십자가 희생을 의지해야만 했습니다.

이처럼 화평이란 희생을 통해 피어나는 천국의 꽃과 같습니다. 사랑하는 형제자매님, 그리스도의 십자가 본을 다시 한번 생각해 보십시오. 그 숭고한 희생에서 피어난 평화를 다시 한번 주목해 보십시오. 당신은 무엇이 보이십니까?

기독교의 평안은 관념이 아닙니다. 실체가 없는 추상적 느낌이 아닙니다. 말뿐인 어떤 헛된 외침이 아닙니다. 되려 기독교적 화평은 십자가 대속의 실질적인 사랑이 낳은 객관적이고 구체적인 하모니입니다.

그래서 기독교적 화평은 남의 유익을 위해 인내하고, 절제할 줄 아는 자가 만들어 낼 수 있습니다. 손해 볼 줄 아는 자가 만들어 낼 수 있습니다. 관용할 줄 아는 자가 만들어 낼 수 있습니다. 용서할 줄 아는 자가 만들어 낼 수 있습니다. 말과 혀로만이 아니라, 행함과 진실함으로 사랑할 줄 아는 자가 만들어 낼 수 있습니다. 자기희생을 기꺼이 감당할 줄 아는 자가 만들어 낼 수 있습니다. 무엇보다도 그리스도를 믿고, 그분을 진심으로 사랑하는 자가 이 모든 것을 기쁨으로 실천할 수 있습니다.

사도 요한은 우리에게 권면합니다.

> "그가 우리를 위하여 목숨을 버리셨으니 우리가 이로써 사랑을 알고 우리도 형제들을 위하여 목숨을 버리는 것이 마땅하니라 누가 이 세상의 재물을 가지고 형제의 궁핍함을 보고도 도와줄 마음을 닫으면 하나님의 사랑이 어찌 그 속에 거하겠느냐 자녀들아 우리가 말과 혀로만 사랑하지 말고 행함과 진실함으로 하자. 이로써 우리가 진리에 속한 줄을 알고 또 우리 마음을 주 앞에서 굳세게 하리니"(요일 3:16-19).

화평한 자가 되기 위해

그렇다면 화평한 자가 되기 위해 무엇을 해야 할까요?

거룩한 자가 되라

첫째, 거룩한 자가 되어야 합니다. 예수님은 화평을 말하기 이전에 마음의 청결을 먼저 말씀하십니다. 왜 예수께서는 반복적으로 내면의 세계에 집중하시는 것일까요? 내적 거룩함 없는 화평은 그 말 자체가 모순입니다. 마음의 청결이 부재한 영적 평화는 존재하지 않습니다. 복음주의 작가 아더 핑크는 "화평은 의를 희생하여 구하게 되는 것이 아니다"라고 말합니다. 다시 말해 거룩이 삭제된 화평은 거짓되고 조작된 화목일 뿐입니다.

야고보도 이 사실을 잘 알고 있었습니다. 그는 말합니다.

> "너희 마음 속에 독한 시기와 다툼이 있으면 자랑하지 말라 진리를 거슬러 거짓말하지 말라 이러한 지혜는 위로부터 내려온 것이 아니요 땅 위의 것이요 정욕의 것이요 귀신의 것이니 시기와 다툼이 있는 곳에는 혼란과 모든 악한 일이 있음이라"(약 3:14-16).

사탄의 것, 곧 땅의 지혜는 항상 거룩을 배척합니다. 이어서 야고보는 말합니다.

> "오직 위로부터 난 지혜는 첫째 성결하고 다음에 화평하고 관용하고 양순하며 긍휼과 선한 열매가 가득하고 편견과 거짓이 없나니 화평

하게 하는 자들은 화평으로 심어 의의 열매를 거두느니라"(약 3:17-
18).

지혜의 순서를 잘 보시기를 바랍니다. 성결이 화평에 선행합니다.
곧 화평은 성결에서 출발합니다. 이를 볼 때, 평화를 깨는 주범은 상
대방이 아닙니다. 상황이 아닙니다. 평화를 깨는 주범은 저와 당신
내면에 도사리고 있는 '탐욕과 정욕'입니다. 남보다 더 많이 가지려
는 욕심과 남보다 더 잘났다고 믿는 교만과 남보다 더 우월하다고
주장하는 자기자랑이 화목의 최대 적입니다.

마음의 청결함 없이는 화평한 자가 될 수 없고, 화평하게 하는 자
가 절대 될 수 없습니다. 내면의 거룩에 먼저 집중하지 않는 자는 자
기가 속한 가정과 교회와 직장 내에서 싸움과 분열의 원인이 될 가
능성이 큽니다.

하지만 예수께서는 자기 백성에게 심령이 가난한 자가 되라고 하
십니다. 겸손하지 않으면 평화의 집을 건설할 수 없기 때문입니다.
애통한 자가 되라고 하십니다. 자기 죄를 미워하고 슬퍼하지 않으
면, 다른 이에게 평화를 선포할 수 없기 때문입니다. 온유한 자가 되
라고 하십니다. 자기방어를 내려놓지 않으면, 남의 평화마저도 쉽게
파괴할 수 있기 때문입니다. 의에 주리고 목마른 자가 되라고 하십
니다. 신실하게 진리를 먹고 마시지 않으면, 거짓 평화를 위해 삶을

낭비할 수 있기 때문입니다.

그러므로 먼저 내면의 거룩에 신경 쓰십시오. 내면의 평화 없이는 아무것도 할 수 없습니다. 그리고 진실한 회개를 하십시오. 하나님께 회개할 수 있는 은혜를 베풀어 달라고 간구하십시오. 하나님께 새로운 마음을 창조해 달라고 요청하십시오. 평화의 심령을 당신의 속사람 안에 심어 달라고 애원하십시오.

주께 받은 사랑을 묵상하라

둘째, 주께 받은 사랑에 대해 깊이 묵상해야 합니다. 당신은 그리스도를 믿기 전에 어떤 사람이었습니까? 디도서 3장 3절은 그리스도 예수 밖에 있는 사람의 실체를 잘 설명합니다.

"우리도 전에는 어리석은 자요 순종하지 아니한 자요 속은 자요 여러 가지 정욕과 행락에 종노릇 한 자요 악독과 투기를 일삼은 자요 가증스러운 자요 피차 미워한 자였으니"(딛 3:3).

과거 하나님과 영적 사귐이 전혀 없었을 때의 우리 모습은 정확히 디도서 3장 3절의 진단과 같았습니다. 하지만 사랑받을 자격이 전혀 없던 우리에게 하나님은 형벌 대신 은혜와 자비를 베풀어 주셨습니다.

바울은 말합니다.

> "우리 구주 하나님의 자비와 사람 사랑하심이 나타날 때에 우리를
> 구원하시되 우리가 행한 바 의로운 행위로 말미암지 아니하고 오직
> 그의 긍휼하심을 따라 중생의 씻음과 성령의 새롭게 하심으로 하셨
> 나니 우리 구주 예수 그리스도로 말미암아 우리에게 그 성령을 풍성
> 히 부어 주사 우리로 그의 은혜를 힘입어 의롭다 하심을 얻어 영생
> 의 소망을 따라 상속자가 되게 하려 하심이라"(딛 3:4-7).

이 같은 놀라운 사랑을 받았기 때문에 그리스도 예수 안에서 다음
과 같은 명령을 순종할 수 있는 것입니다.

> "아무도 비방하지 말며 다투지 말며 관용하며 범사에 온유함을 모든
> 사람에게 나타낼 것을 기억하게 하라"(딛 3:2).

당신은 화평을 끼치는 자가 되기를 원하십니까? 그렇다면 하나님
이 당신에게 베풀어 주신 사랑을 먼저 되새겨 보시기를 바랍니다.
하나님께서 베풀어 주신 은혜의 선물을 하나하나 되새겨 보시기를
바랍니다.

예수님처럼 기도하라

화평하기 위해서는 마지막으로, 그리스도의 기도를 본받아야 합니다. 예수님은 성도의 연합을 위해 아버지께 기도합니다.

> "아버지여, 아버지께서 내 안에, 내가 아버지 안에 있는 것같이 그들도 다 하나가 되어 우리 안에 있게 하사 세상으로 아버지께서 나를 보내신 것을 믿게 하옵소서 내게 주신 영광을 내가 그들에게 주었사오니 이는 우리가 하나가 된 것같이 그들도 하나가 되게 하려 함이니이다"(요 17:21-22).

예수님은 성도의 연합을 위해 아버지를 의뢰하셨고, 지금도 하나님 보좌 우편에서 우리의 화평을 위해 중보하고 계십니다. 예수께서 우리의 하나 됨을 위해 아버지께 기도로 간구하셨고, 지금도 그렇게 하고 계심을 믿는다면, 우리 또한 기도해야 합니다. 기도의 힘은 우리의 백 마디 천 마디 말보다 훨씬 더 강력합니다.

만약 당신이 어떤 갈등의 원인이라면, 하나님께 도움을 요청하시기 바랍니다. 혹시 당신 주위에 큰 싸움과 분열을 겪는 사람이 있습니까? 먼저 하나님께 기도하시기 바랍니다. 그들이 하나가 되게 해달라고 기도하시기 바랍니다. 또한 그들을 대면할 때 지혜로운 말을 하게 해달라고 기도하시기 바랍니다. 꼭 필요한 말만 할 수 있도록,

입술을 절제할 수 있도록 기도하시기 바랍니다. 따뜻하고 온유하며 자비로운 태도로 그들의 분쟁을 평화의 장으로 바꾸는 데 도움이 되게 해달라고 간구하시기 바랍니다.

주께서는 약속하십니다.

> "그를 향하여 우리가 가진바 담대함이 이것이니 그의 뜻대로 무엇을 구하면 들으심이라"(요일 5:14).

미쁘신 주님은 기도에 응답하시어 당신을 화평의 도구로 사용하실 것입니다.

산상수훈의 주인은 말씀하십니다.

> "화평하게 하는 자는 복이 있나니 그들이 하나님의 아들이라 일컬음을 받을 것임이요"(마 5:9).

아버지 하나님은 우리를 전쟁을 사모하는 자에서 평화를 사랑하는 자로 변화시키셨습니다. 그리스도 예수를 통해 우리를 화목의 아들이 되게 하셨습니다.

하나님의 아들이라 일컬음을 받는다는 것은 하나님께서 친히 자녀로 인정하신다는 뜻입니다. 그 인정받은 자녀는 거룩한 평화를 사랑하는 자이며, 인격과 삶으로 아버지의 성품을 반영하는 자입니다.

그리스도인인 당신이 그리스도 예수를 본받아 좀 더 손해 보고, 좀 더 배려하며, 좀 더 참아주고, 좀 더 희생하십시오. 이런 삶을 신실하게 살아낼 때, 그리스도인뿐만 아니라 그리스도를 부정하는 자들도 당신의 선한 행동을 보고 아버지의 이름을 알게 될 것입니다. 하나님을 찾을 것입니다. 당신을 통해 아버지가 높임 받으실 것입니다. 영광스러운 그분의 이름이 찬란히 빛날 것입니다.

9.

의를 위하여 박해를 받은 자

의를 위하여 박해를 받은 자는 복이 있나니 천국이 그들의 것임이라(마 5:10)

지금까지 살펴본 팔복의 특징은 이렇습니다. 그리스도의 팔복은 은혜의 선물입니다. 그래서 전혀 바뀔 수 없을 것만 같던 죄인의 내면적 성품이 변합니다. 높은 곳을 바라보던 자가 주의 은혜로 말미암아 낮은 마음을 사모합니다. 죄를 미워합니다. 죄에 대한 애통을 참된 기쁨으로 해석합니다. 하나님과의 관계와 사람과의 관계에 변화가 생깁니다. 자기를 방어하는 자에서 자기를 포기하는 자로 점점 변해갑니다. 그리스도의 인격을 본받아 자비와 사랑을 베푸는 사람으로 변해 갑니다. 말씀과 기도로 하나님을 의지하는 사람이 됩니다. 외적 변화를 위해 내면적 청결과 거룩에 집중합니다. 화해와 화목을 도모하는 그리스도인이 됩니다.

이제 마지막 여덟 번째 복입니다.

> "의를 위하여 박해를 받은 자는 복이 있나니 천국이 그들의 것임이라 나로 말미암아 너희를 욕하고 박해하고 거짓으로 너희를 거슬러 모든 악한 말을 할 때에는 너희에게 복이 있나니 기뻐하고 즐거워하라 하늘에서 너희의 상이 큼이라 너희 전에 있던 선지자들도 이같이 박해하였느니라"(마 5:10-12).

마지막 복은 기독교의 특징을 잘 묘사하는 복입니다. 기독교는 역설의 종교입니다. 십자가의 도는 역설로 가득 차 있습니다. 최고의 멸시에서 최고의 경외를 발견합니다. 가장 치욕스러운 죽음에서 가장 영광스러운 생명을 발견합니다. 가장 잔인한 형벌에서 가장 사랑이 넘치는 용서를 발견합니다. 십자가의 역설은 최악의 빈곤으로부터 최고의 부요를 발견하게 합니다.

> "우리 주 예수 그리스도의 은혜를 너희가 알거니와 부요하신 이로서 너희를 위하여 가난하게 되심은 그의 가난함으로 말미암아 너희를 부요하게 하려 하심이라"(고후 8:9).

역설의 복음의 주권자는 선포하십니다.

"누구든지 제 목숨을 구원하고자 하면 잃을 것이요 누구든지 나를
위하여 제 목숨을 잃으면 찾으리라"(마 16:25).

그리스도를 위해 자기 목숨을 버리는 자가 되려 영생을 얻게 된다
는 이 신비로운 진리는 오직 믿음의 사람만이 이해할 수 있고, 감동
할 수 있습니다.

오늘의 본문 말씀은 역설의 정점에 위치해 있다고 말씀드릴 수 있
습니다. "의를 위하여 박해를 받은 자는 복이 있나니 천국이 그들의
것임이요"(마 5:10)라고 선포하시기 때문입니다. 그래서인지 세상 사
람들은 그리스도의 산상설교를 무척이나 싫어합니다. 거듭남을 경
험하지 못한 자연인은 박해가 어떻게 복이 될 수 있느냐고 묻습니
다. 욕을 먹고, 박해를 당하며, 악한 말로 공격을 당하는 삶이 어떻게
복일 수 있느냐고 묻습니다. 더욱이 이러한 상황 속에서 '기뻐하라'
고 말하는 기독교의 복은 비논리적이고 비합리적이라고 말합니다.

안타까운 것은 교회를 다니는 사람 중에도 이러한 생각을 품은 자
가 더러 있습니다. 겉은 기독교인처럼 보일지 모르나, 실상은 거듭
난 적이 전혀 없는 자연인이 그러합니다. 이러한 사람들의 특징은
복음을 이해하고는 있습니다. 복음 메시지에 대해 지적으로 동의는

합니다. 하나님에 대한 지식도 있고, 심지어 말씀에 뜨겁게 감동해본 적도 있습니다. 예수께서 비유하신 돌밭의 마음을 가진 자가 이에 해당이 됩니다.

> "돌밭에 뿌려졌다는 것은 말씀을 듣고 즉시 기쁨으로 받되 그 속에 뿌리가 없어 잠시 견디다가 말씀으로 말미암아 환난이나 박해가 일어날 때에는 곧 넘어지는 자요"(마 13:20-21).

교회를 오랫동안 다녔고, 직분도 가져본 적이 있습니다. 그중에는 목사와 장로도 있습니다. 매일 성경을 읽고 기도도 합니다. 건강한 교리를 잘 알고 있고, 심지어 신학적인 어려운 내용도 잘 이해하고 있습니다. 겉으로 보기에는 경건의 모양이 매우 잘 갖추어져 있습니다. 하지만 이들에게 예수 그리스도는 하나의 역사적 인물일 뿐입니다. 지식적 개념일 뿐입니다.

이들에게 그리스도는 자기 경건을 주장하기 위한 도구에 불과합니다. 이들의 문제는, 그리스도가 인격적인 존재가 아니라는 데 있습니다. 인격적인 구세주와 주인이 아니라는 데 있습니다. 종교주의자는 입술로 그리스도의 이름은 외칩니다. 하지만 정작 그리스도의 이름을 위해 마음과 뜻을 다해 살아본 적이 없습니다. 그렇게 살고자 하는 마음도 없습니다. 그리스도의 영광은 항상 뒷전입니다. 그러므로 그리스도와 관계없는 자는 산상수훈의 메시지를 머리로는 이해할지 모르나, 자기 인격과 삶에는 적용하지 않습니다. 그리스도의 통치권 밖에 있기 때문입니다.

예수님은 10절에서 '그들'이라는 3인칭 복수형을 사용하십니다.

"의를 위하여 박해를 받는 자들은 복이 있나니"(마 5:10).

의를 위하여 박해를 받는 자들(복수형)이야말로 참된 그리스도인이며, 복된 자라고 말씀하십니다. 그런데 이들이 의를 위하여 박해를 받는 이유는, 그리스도와 일대일의 인격적인 관계를 맺고 있기 때문입니다.

11절을 보시면, 3인칭 복수형이었던 '그들'이 2인칭인 '너희'로 바뀌는 것을 볼 수 있습니다.

"나로 말미암아 너희를 욕하고"(마 5:11).

이처럼 '나와 너'라는 그리스도와의 인격적인 친밀함은 기독교인에게 필수적입니다.

보편적 진리는 그 자체로 완전하지만, 그 진리가 효력을 미치기 위해서는 '나'의 진리가 되어야 합니다. 나의 복음이 되어야 합니다.

나의 그리스도가 되셔야 하고, 그분이 나의 주인이 되셔야 합니다. 반면 진리를 그저 아는 정도로 끝나는 지적인 수준의 믿음은 구원을 가져다주지 못합니다. 이는 영생의 주인과 관계없음을 의미하며, 영적 사망을 의미합니다.

정리하자면 예수님의 사람은 보편적 진리를 아는 수준에서 멈추는 자가 아닙니다. 진리이신 그리스도를 인격적으로 믿고, 그분께 반응하며, 순종하는 자입니다.

그리스도인은 누구인가

저는 지금의 논의를 다음의 질문을 통해 좀 더 구체화해 보려고 합니다. 그리스도인은 누구입니까? 당신은 그리스도인이 누구라고 생각하십니까? 저는 본문 말씀에 근거해서 살펴보려고 합니다.

의로워진 자

첫째로, 그리스도인은 의로워진 자입니다. 의롭다는 것은 하나님과 올바른 관계를 맺는 것을 의미합니다. 의로운 상태는 영적으로 하나님과 화평하게 된 상태를 말합니다. 우리는 본서의 8장에서 화평은 그리스도의 십자가 희생에 의존한다는 것을 알았습니다. 그분의 숭고한 희생의 대가로 주어진 값비싼 선물이 하나님과 화평입니다. 그리고 의롭다 함입니다.

예수님의 거룩한 사랑으로 말미암아, 과거 반역자였던 우리가 이제는 순종의 아들딸이 되었습니다. 의로운 존재가 되었습니다. 비로소 거룩할 수 있는 존재가 되었습니다. 비로소 선한 행위를 실천할 수 있는 존재가 되었습니다. 성령에 의지하여 선한 노력으로 말미암는 아름다운 열매를 맛볼 수 있는 자가 되었습니다. 따라서 예수님으로 말미암아 의로워진 자는 모든 면에서 '새로워진 자'입니다.

구체적으로 의로운 신분이 된 천국 백성은 지식이 새로워진 자입니다.

> "새 사람을 입었으니 이는 자기를 창조하신 이의 형상을 따라 지식에까지 새롭게 하심을 입은 자니라"(골 3:10).

창조하신 이의 형상을 따라 '지식에까지 새롭게' 되었다고 말씀합니다. 생각의 기준이 달라집니다. 세상을 해석하는 기준이 달라집니다. 나라는 존재와 그리스도를 바라보는 시각과 이해가 달라집니다. 그래서 그리스도를 아는 지식에 점점 더 자라나가는 자가 됩니다.

또한 천국 백성은 성품이 새로워진 자입니다.

"너희는 하나님이 택하사 거룩하고 사랑받는 자처럼 긍휼과 자비와 겸손과 온유와 오래 참음을 옷 입고 누가 누구에게 불만이 있거든 서로 용납하여 피차 용서하되 주께서 너희를 용서하신 것같이 너희도 그리하고 이 모든 것 위에 사랑을 더하라 이는 온전하게 매는 띠니라 그리스도의 평강이 너희 마음을 주장하게 하라 너희는 평강을 위하여 한 몸으로 부르심을 받았나니 너희는 또한 감사하는 자가 되라"(골 3:12-15).

과거 우리는 진리를 부정하고, 말씀에 순종하지 않던 자였습니다. 남을 비방하고, 속이고, 빼앗고, 다투고, 미워하던 자였습니다. 하지만 이제는 달라졌습니다. 그리스도의 인격에 영안이 열리게 되었습니다. 영적인 눈을 뜨게 되었을 뿐만 아니라, 그분을 닮고자 하는 선한 동기가 생겼습니다. 전에 없던 거룩에 대한 열망이 생겼습니다. 예수님의 성품을 주위 사람에게 흘려보내고자 하는 소망이 생겼습니다.

천국 백성은 삶의 목적이 새로워진 자입니다. 참 회심자와 거짓 회심자는 삶의 목적이 완전히 다릅니다. 거짓된 구원관에 사로잡혀 있는 자, 곧 구원받았다고 착각하는 자는 오로지 자기 자신만을 위해 삽니다. 이기적인 사랑만을 추구합니다.

하지만 참된 회심을 경험한 그리스도인은 의로움이라는 새로운 삶의 목적을 가슴에 품습니다. 의를 위해 살기 시작하며, 삶의 방향을 그리스도의 의로우심에 고정합니다. 의를 위해 산다는 것은, 의로우신 그리스도를 위해 산다는 것을 의미합니다. 예수님이 가신 길을 따라 걸어가는 삶을 뜻합니다.

> "너희가 내 양이 아니므로 믿지 아니하는도다 내 양은 내 음성을 들으며 나는 그들을 알며 그들은 나를 따르느니라"(요 10:26-27).

그리스도를 위한 삶은 그분의 계명에 순종하는 삶으로 그 진정성이 증명됩니다.

> "나의 계명을 지키는 자라야 나를 사랑하는 자니 나를 사랑하는 자는 내 아버지께 사랑을 받을 것이요 나도 그를 사랑하여 그에게 나를 나타내리니"(요 14:21).

그런데 의를 위해 사는 삶은 그리스도인의 정체성과 밀접하게 연결됩니다.

의를 위해 박해받는 자

둘째로, 그리스도인은 의를 위해 박해를 받는 자입니다. 죄악이 난무하는 이 땅에서 예수님을 위해 사는 것은 절대 쉽지 않습니다. 그리스도의 복음은 세상의 가치와 짝하지 않기 때문입니다. 주님은 모든 죄인에게 죄를 해결하기 위해 자기를 부정하라고 하십니다. 하지만 세상에 속한 무리는 자기는 죄인이 아니기 때문에 자기를 부정할 이유가 없다고 말합니다. 주님은 죄를 해결하기 위해 메시아이신 자신을 믿으라고 하십니다. 하지만 세상에 속한 무리는 자기는 죄인이 아니기 때문에 그리스도를 믿을 이유가 없다고 주장합니다. 그래서 자기부정의 길 대신, 복음을 거부하는 길을 택합니다.

바울은 말합니다.

> "우리의 씨름은 혈과 육을 상대하는 것이 아니요 통치자들과 권세들과 이 어둠의 세상 주관자들과 하늘에 있는 악의 영들을 상대함이라"(엡 6:12).

그리스도인의 싸움은 혈과 육의 싸움이 아닙니다. 영적인 싸움입니다. 그래서 예수님을 믿는다는 것은 사탄의 영적 박해의 표적이 되었다는 것을 뜻하며, 그리스도를 위해 사는 사람일수록 박해는 더욱 거세질 수밖에 없습니다.

그러므로 예수님을 믿는 자에게 세상이 정의하는 성공이나 안락이 반드시 주어질 것이라 생각한다면, 이는 기독교를 크게 오해하는 것이며, 산상수훈의 복음을 번영주의 사상으로 왜곡하는 것입니다.

주님은 말씀하십니다.

> "나로 말미암아 너희를 욕하고 박해하고 거짓으로 너희를 거슬러 모
> 든 악한 말을 할 때에는 너희에게 복이 있나니"(마 5:11).

박해는 믿는 대상이 다르기에 필연적으로 찾아오는 괴롭힘입니다. 주님은 단언하십니다. "나로 말미암아." 이는 '너희가 나를 믿기 때문에'라는 의미입니다. 곧 그리스도 예수를 믿는 믿음 때문에 수치와 괴롭힘을 당하며, 거짓으로 그리스도인의 명예와 평판을 깎아내릴 것이라고 하십니다.

> "내가 너희에게 종이 주인보다 더 크지 못하다 한 말을 기억하라 사
> 람들이 나를 박해하였은즉 너희도 박해할 것이요 내 말을 지켰은즉
> 너희 말도 지킬 것이라 그러나 사람들이 내 이름으로 말미암아 이
> 모든 일을 너희에게 하리니 이는 나를 보내신 이를 알지 못함이라"
> (요 15:20-21).

박해의 모양은 하나로 규정할 수 없습니다. 박해의 모양은 다양합니다. 누군가는 언어폭력으로 정신적인 괴롭힘을 당합니다. 누군가

는 육체적인 학대나 폭력으로 괴롭힘을 당합니다. 누군가는 직장 동료에게 왕따를 당합니다. 누군가는 친구와 가족으로부터 배척을 당합니다. 이처럼 박해의 모양은 다양합니다.

하지만 박해의 이유는 하나로 규정할 수 있습니다. 그것은 바로 '예수님' 때문입니다. 곧 핍박을 받는 이유는 주님의 말씀에 따라 살려고 하기 때문이고, 주님의 성품에 따라 살려고 하기 때문입니다. 주님이 걸어가신 길을 따라 살려고 하기 때문에 다른 믿음을 가진 자로부터 괴롭힘을 당하는 것입니다.

물론 믿는 자라 할지라도 자기 죄 때문에 고난을 겪는 경우가 종종 있습니다. 베드로는 말합니다.

> "부당하게 고난을 받아도 하나님을 생각함으로 슬픔을 참으면 이는 아름다우나 죄가 있어 매를 맞고 참으면 무슨 칭찬이 있으리요 그러나 선을 행함으로 고난을 받고 참으면 이는 하나님 앞에 아름다우니라"(벧전 2:19-20).

죄를 위해 살다가 결국 핍박의 매를 맞는다면, 그것을 어찌 그리스도인의 축복이라고 할 수 있겠습니까? 그러한 박해는 믿지 않는 세상 사람들이 자처하는 고난입니다.

하지만 바울은 말합니다.

"무릇 그리스도 예수 안에서 경건하게 살고자 하는 자는 박해를 받
으리라"(딤후 3:12).

바울은 의를 위해 자기 삶을 바친 자였습니다. 자신의 영적 아들
디모데에게 디모데후서 3장 12절의 고백을 삶으로 입증한 자였습니
다.

디모데는 루스드라에 살았습니다. 바울이 1차 전도 여행 당시 갈
라디아 지역의 루스드라에서 복음을 전하다가 얻게 된 제자이자 영
적 아들이 바로 디모데입니다. 루스드라에 갔을 때, 바울은 날 때부
터 못 걷던 자를 주님의 권능으로 일으켜 세웁니다. 그런데 그때 헬
라 문화의 영향을 받았던 루스드라 사람들이 바울을 헤르메스로, 같
이 있던 바나바를 제우스 신으로 숭배하려 합니다. 그때 바울은 겸
손함과 담대함으로 복음을 그들에게 선포합니다.

"여러분이여 어찌하여 이러한 일을 하느냐 우리도 여러분과 같은 성
정을 가진 사람이라 여러분에게 복음을 전하는 것은 이런 헛된 일을
버리고 천지와 바다와 그 가운데 만물을 지으시고 살아 계신 하나님
께로 돌아오게 함이라"(행 14:15).

그러자 바울은 곧바로 큰 박해를 받습니다.

"유대인들이 안디옥과 이고니온에서 와서 무리를 충동하니 그들이 돌로 바울을 쳐서 죽은 줄로 알고 시외로 끌어 내치니라"(행 14:19).

마스터스 신학대학원(The Master's Seminary)에서 해석학을 가르치는 클라슨(Brad Klassen) 교수는 말합니다. "루스드라 바로 다음의 사역지인 더베에서 어떠한 핍박도 기록되어 있지 않은 이유는 핍박했던 유대인들의 생각에 바울이 돌에 맞아 죽었거나 그가 큰 압박으로 인해 사역을 포기했을 것이라 생각하여 더 이상 바울을 쫓지 않았을 것이기 때문이다."

하지만 바울은 심각한 부상을 당했음에도 이튿날 바나바와 함께 더베로 가서 복음을 전합니다. 그래서 많은 사람을 제자로 삼았다고 누가는 기록합니다. 당시 그곳에 있었던 디모데는 바울이 박해를 받은 이유와 핍박의 종류에 대해 잘 알고 있었습니다.

이러한 배경 가운데 죽음을 앞둔 영적 아버지가 영적 아들에게 말합니다.

"나의 교훈과 행실과 의향과 믿음과 오래 참음과 사랑과 인내와 박해를 받음과 고난과 또한 안디옥과 이고니온과 루스드라에서 당한 일과 어떠한 박해를 받은 것을 네가 과연 보고 알았거니와 주께서 이 모든 것 가운데서 나를 건지셨느니라"(딤후 3:10-11).

"무릇 그리스도 예수 안에서 경건하게 살고자 하는 자는 박해를 받으리라"(딤후 3:12).

물론 우리는 현재 바울이 겪었던 종류의 박해를 받지는 않습니다.

"너희 전에 있던 선지자들도 이같이 박해하였느니라"(마 5:12).

과거 선지자들이 겪었던 종류의 핍박을 받고 있지는 않습니다. 보통은 모세, 엘리야, 예레미야, 이사야, 에스겔, 세례요한, 열두 제자가 겪었던 심한 박해를 경험할 일은 없습니다.

하지만 우리는 그들과 동일한 하나님을 믿고 있습니다. 그래서 그들과 같이 세상의 거센 공격에 직면해 있습니다. 그리스도 예수 안에서 경건하게 살고자 하므로 박해는 우리를 절대 떠나지 않을 것입니다. 사탄이 아닌 예수께 충성하고자 하는 자는 이러한 삶을 결코 비켜 갈 수 없습니다.

박해받는 중에도 기뻐하는 자

셋째로, 그리스도인은 핍박 속에서 되려 참된 기쁨을 발견하는 자입니다.

"기뻐하고 즐거워하라 하늘에서 너희의 상이 큼이라 너희 전에 있던 선지자들도 이같이 박해하였느니라"(마 5:12).

기독교의 역설은 마태복음 5장 12절에서 온전한 꽃을 피웁니다. 왜냐하면 목숨을 위협하는 박해 속에서 되려 기뻐 뛰놀라고 명령하시기 때문입니다. 주님은 세상이 줄 수 없는 하늘의 기쁨을 절망이 도사리는 상황 속에서 되려 맛보라고 하십니다. 예수님이 누리시던 기쁨을 제자인 우리 또한 느껴보라고 하십니다.

히브리서 기자는 말합니다.

"믿음의 주요 또 온전하게 하시는 이인 예수를 바라보자 그는 그 앞에 있는 기쁨을 위하여 십자가를 참으사 부끄러움을 개의치 아니하시더니 하나님 보좌 우편에 앉으셨느니라"(히 12:2).

그래서 복음주의 작가 아더 핑크는 "고난은 위장된 축복이다"라고 말합니다. 저는 이 말에 전적으로 동의합니다. 고난이 더 진해지고 깊어지고, 강해질수록 고난을 능히 이기게 하시는 예수님의 지혜와 능력과 사랑을 더 깊이 경험하기 때문입니다. 복음을 전하는 것 때문에 사람에게 외면당하고, 세상 사람과는 구별된 삶을 사는 것 때문에 배척을 당할수록, 되려 '주 예수만이 나의 도움이시요, 위로이시요, 피난처이십니다'라는 고백이 우리의 입술에서 터져 나옵니다.

기뻐할 수 없는 중에 기쁨을 누림으로 '복음은 참된 능력이요 지혜구나. 나는 진정으로 구원받은 자가 맞구나. 천국 백성이 맞구나'라는 확신에 찬 고백을 하게 됩니다. 그리스도의 위로와 사랑을 더 깊이 깨닫게 되는 간증을 하게 됩니다. 그래서 고난은 위장된 축복이 맞습니다. 고난은 이 땅에서 눈을 돌려 하늘에 소망을 두게 하는 변장된 은혜입니다. 하늘에 예비된 상을 믿음의 눈으로 응시하게 하는 주님의 선물입니다.

의를 위해 핍박받는 자의 보상

"기뻐하고 즐거워하라 하늘에서 너희 상이 큼이라"(마 5:12).

주께서 말씀하시는 보상은 사람의 공로로 말미암는 상이 아닙니다. 이는 주권자가 베푸시는 은혜의 상입니다. 그리스도를 믿는 자에게 모두 차별 없이 주시는 상입니다. 이 상은 영원한 나라이며, 영원한 구원이며, 영원한 교제입니다.

왜 그리스도인에게 핍박은 기쁨을 더 만끽하게 하는 은혜의 도구입니까? 그 이유는 고난과 핍박이 우리를 하나님과의 친밀한 교제로 인도하기 때문입니다. 욥이 고난을 통해 하나님과 더 깊은 사귐을 누리게 되었던 것처럼 말입니다. 욥이 고난을 겪지 않았다면 그는 참된 기쁨을 알지 못했을 것입니다.

그뿐만 아니라 하나님은 핍박을 사용하시어 영광을 보게 하십니다. 칠흑 같은 어둠 속에서 그리스도 예수의 찬란한 영광을 보게 하십니다. 십자가 영광의 참맛을 느끼게 해 주십니다.

그래서 베드로는 말합니다.

> "사랑하는 여러분, 여러분을 시험하려고 시련의 불길이 여러분 가운데 일어나더라도, 무슨 이상한 일이나 생긴 것처럼 놀라지 마십시오 그만큼 여러분은 그리스도의 고난에 동참하는 것이니 기뻐하십시오 그러면 그의 영광이 나타날 때에 여러분은 또한 기뻐 뛰며 즐거워하게 될 것입니다 여러분이 그리스도의 이름으로 모욕을 당하면 복이 있습니다 영광의 영 곧 하나님의 영이 여러분 위에 머물러 계시기 때문입니다"(벧전 4:12-14, 새번역).

바울 또한 고백합니다.

> "내가 바라는 것은, 그리스도를 알고 그분의 부활의 능력을 깨닫고

그분의 고난에 동참하여 그분의 죽으심을 본받는 것입니다"(빌 3:10, 새번역).

이처럼 고난은 그리스도 예수와 십자가 복음을 더 깊이 알게 합니다. 종이 주인을 더 깊이 아는 것만큼 큰 축복이 어디에 있겠습니까? 종이 주인에게만 소망을 두는 것만큼 큰 행복이 어디에 있겠습니까?

"그로 말미암아 우리가 믿음으로 서 있는 이 은혜에 들어감을 얻었으며 하나님의 영광을 바라고 즐거워하느니라 다만 이뿐 아니라 우리가 환난 중에도 즐거워하나니 이는 환난은 인내를 인내는 연단을 연단은 소망을 이루는 줄 앎이로다"(롬 5:2-4).

이제 정리하려 합니다. 그리스도인은 '행복한 자'입니다. 성령의 도우심으로 새로운 지식과 새로운 성품을 갖게 되었기 때문입니다. 예수 그리스도를 위해 의로운 삶을 사는 것보다 더 큰 복이 어디에 있겠습니까?

그리스도인은 행복한 자가 맞습니다. 그리스도의 십자가 고난에 동참하는 영광을 누리기 때문입니다. 그래서 박해와 조롱과 치욕과 거짓된 깎아내림 속에서 십자가의 의미를 더 깨닫습니다. 그리스도의 사랑을 더 깨닫습니다. 그분의 인내와 겸손과 긍휼과 자비와 인자와 충성과 선하심을 더 깨닫습니다. 그리스도의 참된 기쁨을 피부와 살갗으로 느낍니다. 주인의 마음을 이해하게 됩니다. 칠흑 같은 어둠 속에서 되려 주님과 친밀한 교제를 누림으로 그분을 더 닮아가는 복을 누립니다. 이보다 더 행복한 자가 어디에 있습니까?

저는 당신이 고난 겪는 것을 원치 않습니다. 하지만 바울의 고백을 통해 당신을 위로하고 격려하기를 원합니다.

> "자녀이면 또한 상속자 곧 하나님의 상속자요 그리스도와 함께 한 상속자니 우리가 그와 함께 영광을 받기 위하여 고난도 함께 받아야 할 것이니라 생각하건대 현재의 고난은 장차 우리에게 나타날 영광과 비교할 수 없도다"(롬 8:17-18).

저는 당신이 그리스도 예수의 십자가 고난에 동참하게 되기를 원합니다. 고난 속에서 되려 예수님과 더 뜨거운 교제를 하게 될 것이기 때문입니다. 그 가운데 십자가 복음을 더 깊이 알게 될 것입니다. 장차 예비된 천국 영광의 실체를 이 땅에서 조금이나마 경험하게 될 것입니다. 결국, 주 예수 그리스도를 찬양하는 자리로 나아가게 될 것입니다.

좁은 문 좁은 길

좁은 문으로 들어가라 멸망으로 인도하는 문은 크고 그 길이 넓어 그리로 들어가는 자가 많고 생명으로 인도하는 문은 좁고 길이 협착하여 찾는 자가 적음이라(마 7:13-14).

얼핏 보면 세상에는 수많은 진리의 길이 있는 것처럼 보입니다. 매우 다양하고 서로 다른 종류의 생명 길이 여기저기 존재하는 듯 보입니다. 그 수가 너무도 많아서 다 셀 수 없을 것만 같습니다. 그래서 각각의 특징과 성격을 다 파악하기란 불가능합니다.

때로는 여러 갈래의 길이 서로 연결되어 있고 부분적으로 결합, 혹은 분리가 되어 있습니다. 우리 눈에는 이 길과 저 길이 같아 보이기도 하고, 혹은 서로 달라 보이기도 하여 헷갈립니다. 우리 앞에는 이런 길들이 너무도 많은 것 같습니다.

하지만 세상에는 단 두 개의 길만 존재합니다. 사람들은 누구나 좁은 문으로 들어가서 좁은 길을 걷거나, 아니면 넓은 문으로 들어가서 넓은 길을 걷습니다.

진리는 명료한 해답을 내놓습니다. 모든 만물의 성격을 아시는 분, 모든 역사의 과거와 현재와 미래를 아시는 분, 모든 일의 원인과 결과를 완벽하게 파악하실 뿐만 아니라 통치하시는 주권자께서 말씀하십니다.

> "좁은 문으로 들어가라 멸망으로 인도하는 문은 크고 그 길이 넓어 그리로 들어가는 자가 많고 생명으로 인도하는 문은 좁고 길이 협착하여 찾는 자가 적음이라"(마 7:13-14).

당신은 좁은 문으로 들어간 적이 있습니까? 그 문을 통해 현재 좁은 길을 걷고 계십니까? 주께서 말씀하시는 협착한 길을 현재 걸어가고 계십니까? 아니면, 누구나 다 들어갈 수 있는 넓은 문으로 들어가십니까? 혹시 넓은 길이 제공하는 썩어질 만족을 움켜쥐며, 삶을 허비하고 있지는 않습니까? 생명의 길이 아닌 멸망의 길을 걸으며, 어두운 운명 속으로 서서히 빨려 들어가고 있지는 않습니까?

우리는 그동안 기독교의 본질이 무엇인지 배웠습니다. 기독교는 인생의 지혜와 능력으로 시작하는 종교가 아닙니다. 되려 모든 인생의 연약함을 솔직하게 선포합니다. 기독교는 모든 인생을 전혀 의지하지 않는 종교입니다. 그래서 오직 전능자 하나님만을 철저히 의지하며, 의존하며, 의탁합니다. 모든 영적 역사의 시작과 과정과 완성의 여부가 인간에게 달려 있지 않음을 선포하는 유일한 종교는 기독교밖에 없습니다. 낮고 낮은 인간의 존재 됨을 드러내 보여주므로 지극히 높으신 하나님의 영광을 찬미하는 종교는 기독교뿐입니다. 기독교는 인간의 무능력함과 전적 타락을 폭로하지만, 동시에 하나님의 은혜로 생명을 얻는다는 진리를 선포합니다.

좁은 문

예수님은 우리에게 좁은 문으로 들어가라고 명령하십니다. 좁은 문은 인간의 전적 무능력을 선포하는 문입니다. 먼지와도 같은 인생의 낮음을, 그 낮고 낮은 존재됨을 가리키는 문입니다. 독립을 주장하나 독립이 불가능한 연약한 인생을 묘사하는 문입니다. 의로운 열매를 만들어 낼 수 있다고 주장하지만 실상은 악취나는 썩은 열매만 내놓는 인생의 부패한 내면을 드러내는 문입니다.

좁은 문은 '복음'을 상징합니다. 그러나 많은 사람들은 대단히 오해하고 있습니다. 왜곡하고 있습니다. 제멋대로 해석하고 있습니다.

복음을 넓은 문, 넓은 길이라고 생각하기 때문입니다.

그들이 부르는 노래에는 이러한 가사가 중심에 자리하고 있습니다.

"복음은 세상 모든 죄인을 예전 모습 그대를 인정하고 받아주는 '달콤한 도'이다. 너의 과거를 사랑하라. 너의 자아를 아껴라. 너의 내면을 찬양하라. 너의 지성과 감성과 의지는 바뀔 필요가 전혀 없다. 복음은 너를 있는 그대로 사랑한다."

하지만 이러한 복음은 예수님이 가르치시는 복음이 아닙니다. 이는 바울이 갈라디아서에서 말하는 다른 복음이며, 거짓 복음입니다. 사탄의 속임수입니다.

현재 우리는 얼마나 복음을 오해하고 있습니까? 우리는 얼마나 성경과 다른 복음을 쫓고 있습니까? 우리는 얼마나 그리스도의 말씀과 다른 복음을 맹신하고 있습니까? 우리는 얼마나 바리새인과 같이 자신이 만든 새로운 복음으로 자기 삶의 도로를 깔아 자기만족의 길을 걸으며, 거짓된 기쁨에 도취되어 있습니까?

하지만 길이요 진리요 생명이신 우리 주 예수 그리스도는 말씀하십니다.

"좁은 문으로 들어가라 멸망으로 인도하는 문은 크고 그 길이 넓어 그리로 들어가는 자가 많고"(마 7:13).

넓은 문

넓은 문은 말 그대로 넓습니다. 우리 육신의 눈을 사로잡을 만큼 크기가 광대합니다. 거대해 보입니다. 겉으로 보기에는 위엄이 있고 기품이 있어 보입니다. 크고 광대하다는 것은 사람의 마음을 사로잡기 쉽다는 뜻이기도 합니다. 그래서 그리로 들어가는 자가 굉장히 많습니다. 이 문은 매력적입니다. 사람의 본능을 자극합니다. 탐욕을 불러일으킵니다. 사람의 정욕에 기름을 쏟아붓습니다. 그래서 대중의 인기를 독차지합니다.

왜 많은 사람들이 이 문을 열정적으로 찾을까요? 안락하고 평안하며, 따뜻하고 화려한 장밋빛 미래를 속삭이기 때문입니다. 육신의 눈을 만족시키며, 영원한 기쁨의 옷을 입고, 매일의 잔치를 베풀어 주겠노라 귀를 간지럽히기 때문입니다. 영원한 환희와 화평과 평강을 주겠노라 외치기 때문입니다.

하지만 이 길은 솔로몬이 경계하던 음녀의 길과 같습니다. 어리석은 젊은이를 미혹하여 그의 생명을 취하려 했던 음녀의 길 말입니다.

"여러 가지 고운 말로 유혹하며 입술의 호리는 말로 꾀므로 젊은이가 곧 그를 따랐으니 소가 도수장으로 가는 것 같고 미련한 자가 벌을 받으려고 쇠사슬에 매이러 가는 것과 같도다 필경은 화살이 그 간을 뚫게 되리라 새가 빨리 그물로 들어가되 그의 생명을 잃어버릴 줄을 알지 못함과 같으니라"(잠 7:21-23).

또한 예수께서 말씀하시는 넓은 문, 넓은 길은 롯을 사로잡았던 소돔과 고모라와 같습니다.

"롯이 눈을 들어 요단 지역을 바라본즉 소알까지 온 땅에 물이 넉넉하니 여호와께서 소돔과 고모라를 멸하시기 전이었으므로 여호와의 동산 같고 애굽 땅과 같았더라"(창 13:10).

넓은 문은 마치 조작된 계약서와 같습니다. 속임이 가득한 거짓된 약속의 문서와도 같습니다. 언젠가는 파기될 수밖에 없는 허황된 언약과도 같습니다.

넓은 문 앞에서 손짓하는 한 남자가 있습니다. 그는 고도로 숙련된 사기꾼입니다. 그는 한 여자를 타깃으로 삼아 달콤한 말로 유혹합니다. 하지만 그 사기꾼은 애초부터 그 여인을 책임질 마음이 없습니다. 언제든 이혼할 마음으로 그 여자와 결혼을 준비합니다. 그뿐만 아니라 자신의 유익을 위해 여인을 종으로 삼아 희생시키려는 계획을 마음에 품고 있습니다. 때에 따라서는 폭력과 폭언과 수치와 조롱으로 그녀를 억압하겠노라 다짐하지만, 본심을 감춘 채 결혼식 장에 나타납니다. "아 가엾은 여인이여. 마치 도수장에 끌려가는 소와 같도다. 파멸의 입이 그녀를 사악하게 덮칠 준비를 하고 있도다."

넓은 문의 본래 이름은 '관계의 단절'입니다. 이름에 걸맞게 넓은 길의 운명은 파괴이고 붕괴이며, 파멸입니다.

넓은 문을 통과하여 그 길을 걷는 자들의 마지막 종착지는 완전한 멸망입니다. 주권자의 인도하심이 소멸된 지옥이고, 주권자의 도우심이 차단된 지옥이며, 주권자의 은혜가 단절된 지옥입니다.

멸망으로 인도하는 넓은 길은 당신의 영혼에 관심이 없습니다. 잘됨에 무관심합니다. 그래서 당신 옛 자아를 향해 결코 나무라지 않습니다. 당신의 죄된 자아를 꾸짖지 않습니다. 책망하지 않습니다. 되려 "잘한다. 잘한다" 칭찬합니다. 멸망으로 인도하는 넓은 길은 당신의 옛 성품을 향해 결코 질책하지 않습니다. 의문을 품지 않습니다. 되려 "의롭다. 의롭다" 찬양합니다. 멸망으로 인도하는 넓은 길은 당신의 옛 가치관을 향해 결코 훈계하지 않습니다. 바르게 함의 필요성을 거부합니다. 마치 요즘 세대가 어린아이의 죄 없음의 선한 존재 됨을 굳게 믿고, 아이 훈계를 거부하는 것처럼 말입니다. 대신 '멸망으로 인도하는 길'은 되려 "있는 그대로의 자신의 모습을 사랑하라. 아끼라"고 말합니다. "너의 본래 가치관은 귀한 것이니 그 보배를 발전시켜라. 발전시켜라" 하고 외칩니다. 곧 예수께서 가르치신 팔복의 첫 번째 인격인 상한 심령은 넓은 길에 들어설 자리가 전혀 없습니다.

이 길에는 참된 예수 그리스도가 어디에도 존재하지 않습니다. 그리스도가 창조하신 적이 없는 길이기 때문입니다. 거룩하신 예수님은 탐욕의 길을 건설하신 적이 없습니다. 이러한 복음은 사탄이 흉내 낸 모조품입니다. 진품을 따라 만들었지만 속은 빈 껍데기인 가품입니다. 죄악이 만들어낸 인위적이고 인본주의적인 산물입니다. 그래서 넓은 길은 '허상의 길'입니다. 사막의 신기루와도 같습니다. 그 끝은 절벽의 낭떠러지이며, 구더기가 득실거리는 더러움과 꺼지지 않는 불이 가득한 영원한 파멸입니다.

복음이란

생각해 봅시다. 복음은 무엇입니까? 당신은 복음이 무엇이라 생각합니까? 예수님은 복음을 무엇이라고 말씀하십니까? 주님은 복음을 '좁은 문, 좁은 길'이라고 말씀하십니다. 당신의 생각을 내려놓고 주권자의 선포에 귀를 기울이십시오. 예수님은 당신에게 넓은 문으로 들어가라고 하지 않으십니다. 좁은 문으로 들어가라고 명령하십니다.

십자가의 도는 세상이 말하는 것과는 완전히 다릅니다. 십자가의 문은 결코 넓지 않습니다. 좁습니다. 작습니다.

거짓 복음은 인간 눈으로 보기에 거대해 보이지만, 복음은 매우 작아서 발견하기 어렵습니다. 귀한 진주와 보배가 쉽게 발견되지 않는 것처럼 복음도 그러합니다.

육신의 눈으로 보았을 때, 복음은 매우 초라해 보입니다. 그래서 인생들이 쉽게 찾을 수 없을 뿐만 아니라, 찾고 싶어 하지도 않습니다. 더욱이 복음은 인기가 없습니다. 미련해 보이기 때문입니다. 사람들은 본능적으로 가치 있어 보이는 대상을 좇기 마련입니다.

그래서 세상 철학자들과 지혜자들과 권세와 덕망 높은 자들에게 복음은 한없이 무식한 가치로 느껴집니다. 조롱의 지식이며, 경멸의 사상이며, 야유의 논리로 여겨집니다. 복음을 향해 짙은 한숨을 내쉬며 한없이 가벼운 먼지와 흙처럼 취급합니다. 유대인이 복음을 걸림돌로 여겼던 것처럼, 헬라인이 어리석다고 한 것처럼, 많은 사람들은 이 두 부류가 걸었던 길을 따라 걷습니다.

좁고 협착한 이유

예수님의 진단은 옳습니다. 복음의 문은 좁고 길이 협착하여 찾는 자가 적습니다. 왜 십자가의 도가 좁고 협착합니까? "좁은"으로 번역된 헬라어 원어는 "스테노스"입니다. 여기에서 파생되거나 관련된 단어인 "스테나그모스"는 "비탄, 신음, 깊은 한숨, 탄식"의 뜻을 가지고 있습니다.

예수님이 말씀하시는 탄식은 자연인에게서 찾을 수 없는 비통, 인간 스스로 만들 수 없는 탄식입니다. 이 탄식은 그리스도만을 의존하고자 하는 영적 몸부림입니다. 오직 성령의 은혜로만 느낄 수 있는 영적 탄식입니다.

> "내 백성이 애굽에서 괴로움 받음을 내가 확실히 보고 그 탄식하는 소리를 듣고 그들을 구원하려고 내려왔노니 이제 내가 너를 애굽으로 보내리라 하시니라"(행 7:34).

> "이와 같이 성령도 우리의 연약함을 도우시나니 우리는 마땅히 기도할 바를 알지 못하나 오직 성령이 말할 수 없는 탄식으로 우리를 위하여 친히 간구하시느니라"(롬 8:26).

우리를 위해 말할 수 없는 탄식으로 간구하시는 성령님은 우리 마음에 영적 비통의 씨앗을 심으십니다. 그래서 우리로 하여금 복음의 능력을 붙잡도록 하십니다. 십자가의 도, 복음의 가치에 영안을 뜬

자는 오직 그리스도 예수만 필요로 합니다. 그러한 자는 반드시 자기 내면의 죄악을 향해 깊은 한숨을 내쉽니다. 비탄과 신음과 탄식을 내뱉습니다. 성령의 역사입니다.

또 복음이 '좁고 협착한 길'인 이유는 자기를 철저하게 부정해야 하기 때문입니다. 당신의 옛 자아를 철저히 부정하지 않는 복음은 그리스도의 도가 아닙니다.

주의 복음은 당신의 옛 자아를 사랑하라고 말하지 않습니다. 옛 자아를 아끼고 보살피라고 말하지 않습니다. 당신의 내면을 찬양하라고 말하지 않습니다. 복음은 "너를 있는 그대로 사랑하라"고 말하지 않습니다. 정반대입니다. "자기를 부인하라"고 말합니다.

십자가의 도가 좁고 협착한 이유는 '오직' 예수 그리스도를 통해서만 구원의 문으로 들어갈 수 있기 때문입니다. 이 문은 너무도 좁고 협착하여 겨우 우리 몸만 통과할 수 있습니다. 다시 말해 우리가 원했던 것, 또 의지했던 것을 다 버리고 예수님만 의지해야 통과할 수 있습니다.

예수님은 우리를 대신해 어둡고 음침한 사망의 골짜기를 걸으셨습니다. 외롭고 고독한 길을 걸으셨습니다. 배고프고 헐벗고 추운 길을 걸으셨습니다. 조롱과 멸시를 당하며 침 뱉음을 당하고 심지어 악인의 주먹과 손바닥으로 매 맞는 그야말로 치욕스러운 길을 걸으셨습니다. 바울의 고백은 주님이 가신 길을 대변하는 듯 보입니다.

"이제 내가 사람들에게 좋게 하랴 하나님께 좋게 하랴 사람들에게 기쁨을 구하랴 내가 지금까지 사람들의 기쁨을 구하였다면 그리스도의 종이 아니니라"(갈 1:10).

더 나아가 봅시다. 이사야 53장 10절은 말합니다.

"여호와께서 그에게 상함을 받게 하시기를 원하사 질고를 당하게 하셨은즉 그의 영혼을 속건제물로 드리기에 이르면 그가 씨를 보게 되며 그의 날은 길 것이며 또 그의 손으로 여호와께서 기뻐하시는 뜻을 성취하리로다"(사 53:10).

아버지께서 아들을 상하게 하셨다고 말합니다. 아버지께서 아들 예수에게 가하신 '상함'은 가벼운 고통이 아닙니다. 이는 대형 덤프 트럭이 작은 아이를 덮치는 끔찍한 충격과도 같은 '인류 최고의 짓누름'입니다.

상상해 보십시오. 전능자께서 자신의 힘으로 누군가를 짓누른다고 생각해 보십시오. 누군가를 짓밟는다고 생각해 보십시오. 그 고통은 어떠한 고통일까요? 그 아픔은 어떠한 아픔일까요? 그 압박은 어떠한 압박일까요? 그럼에도 불구하고 예수님은 자신을 아버지께 온전히 드리셨습니다. 속건제물, 곧 우리가 지은 죄에 대한 배상으로 자신을 바치셨습니다. 죗값을 보상하는 제물로, 죗값을 지불하는 제물로 자신을 바쳤습니다.

예수님이 자신의 죄를 속죄하기 위해 그리하셨습니까? 아버지께서 아들 예수의 죄를 벌하기 위해 그를 무섭게 짓누르셨습니까?

> "만군의 여호와가 말하노라 칼아 깨어서 내 목자 내 짝 된 자를 치라"(슥 13:7).

아버지께서 아들의 완악을 심판하시기 위해 공의 칼을 빼어 그를 치셨습니까? 만약 그렇게 하셨다면 기독교의 구원은 모두 거짓입니다. 죄인은 죄인을 속죄할 수 없기 때문입니다. 죄인의 목숨 값은 아무짝에도 쓸모없는 가치입니다.

하지만 예수님은 인류에 단 하나뿐인 죄 없는 인간이십니다(요일 3:5). 예수님의 죽음은 저의 죄 때문입니다. 당신의 죄 때문입니다. 아버지가 아들을 십자가 멸시 속으로 몰아넣었던 이유는 우리가 역겨운 죄인이기 때문입니다. 아버지가 아들을 십자가 압박 속으로, 그리고 죽음 속으로 몰아넣었던 이유는 우리가 극악한 죄인이기 때문입니다. 가장 보배롭고 고귀한 아들을 죽이기까지 저와 당신의 죄가 거룩하신 하나님께 그토록 더럽고 끔찍하며 역겹기 때문입니다.

예수님의 선포는 매우 역설적입니다. 주님은 불가능을 명령하고 계십니다. 좁은 문은 죄인이 스스로 들어갈 수 없는 문입니다. 죄인의 지혜로 들어갈 수 없는 문이며 죄인의 능력으로 들어갈 수 없는 문입니다. 하지만 죄가 없으신 예수 그리스도를 통해서는 가능합니다.

"내가 문이니 누구든지 나로 말미암아 들어가면 구원을 받고 또는 들어가며 나오며 꼴을 얻으리라"(요 10:9).

더 늦기 전에

저는 묻고 싶습니다. 당신은 오직 죄의 문제를 해결하기 위해 예수님과 그분의 십자가 공로만을 의지하고 계십니까? 좁다는 것은 오직 구원자가 한 분뿐이라는 것을 의미합니다. 오직 단 하나의 믿음의 대상만 존재한다는 것을 의미합니다. 오직 단 하나의 선물만 필요하다는 것을 의미합니다. '오직 예수! 오직 믿음! 오직 은혜!'

저는 이 글을 읽는 분 중에 단 한 사람도 멸망하지 않기를 바랍니다. 하지만 세상은 이러한 메시지를 이제 그만 집어치우라고 말합니다. 그러나 진리는 예나 지금이나 영혼의 구원을 위해 복음의 길을 선포하라고 말합니다.

이제 그만 돌아서십시오. 더 늦기 전에 돌아서십시오. 미루지 마십시오. 지금 이 시간 돌아서십시오. 오늘이 그러한 것처럼 내일 또한 당신의 것이 아닙니다. 하나님의 것입니다. 더 이상 미루지 마십시오.

저는 성령께서 당신의 마음을 움직여 복음 앞에 무릎 꿇게 해주시기를 간절히 바랍니다. 하늘의 은총이 당신에게 임하여 회심의 역사가 일어나기를 간절히 소망합니다.

죄에서 돌이키십시오. 회개하십시오. 당신을 죄에서 구원하시기 위해 협착한 길을 걸으신 예수님을 바라보십시오. 비탄과 비통과 한숨과 신음을 토해내신 예수님의 십자가를 바라보십시오. 아버지께서 아들을 죽이시기까지 당신의 옛 자아를 미워하시는 주권자의 거룩한 사랑에 눈을 뜨십시오. 예수께 엎드리시기를 바랍니다. 생명은 오직 예수께 있습니다.

마태복음 7장 13-14절에서 말하는 문이 마치 씨앗과 같다면 길은 열매와도 같습니다. 씨앗은 열매의 원천입니다. 열매는 씨앗의 속성을 그대로 반영하여 자라납니다. 다시 말해 씨앗의 본질은 열매로 알 수 있습니다. 적용하자면 만약 당신이 좁은 문, 곧 죄를 회개하고 오직 은혜로 말미암아 주님을 믿는 천국 백성이 되었다면 좁은 길, 곧 지속적으로 회개하는 삶과 반복적으로 예수께 엎드리는 삶은 더 깊어질 수밖에 없습니다.

현재 좁은 문으로 들어가 협착한 길을 걷고 계십니까? 협착한 길을 걷는 자는 내면의 적과 외부의 적의 공격을 더 잘 받기 마련입니다. 다시 말해 죄에 대한 민감성은 더욱 커지고, 사탄의 유혹이 거세짐으로 더 치열한 영적 싸움을 경험합니다.

하지만 놀랍게도 그 속에서 그리스도 예수의 부요함을 더 깨닫게 될 것입니다. 죄로 인한 내면의 비탄과 사탄의 외적 공격이 더 심해질수록 하늘의 평강은 되려 당신의 것이 될 것입니다. 하늘의 기쁨은 당신을 충만케 할 것입니다. 그 이유는 한 치 앞을 내다볼 수 없는 상황 속에서 예수님은 당신의 빛의 손길이 되어 주실 것이기 때문입니다.

좁은 길은 생명의 길입니다. 예수님과 그분의 십자가 복음만 보이기 때문입니다. 우리 같이 예수께 엎드립시다.

하나님이 복 주신 사람

강민구 지음

초판 1쇄 발행 | 2024년 08월 07일

표지 그림 | 김혜진 강슬아
발 행 인 | 전병철
발 행 처 | 세우미
등   록 | 476-54-00568
등 록 일 | 2021년 07월 26일
주   소 | 광명시 영당안로 13번길 20. 삼정타운 다4동 404호
이 메 일 | mentor1227@nate.com
인스타그램 | @sewoomi_, @sewoomi1

ISBN   979 - 11 - 93729 - 02- 1   (03230)